东方历史评论 14

脆弱的新政：明治维新与清末新政比较

许知远 主编 李礼 执行主编

贵州出版集团
贵州人民出版社

图书在版编目（CIP）数据

脆弱的新政：明治维新与清末新政比较/许知远主
编 . -- 贵阳：贵州人民出版社，2018.4
（东方历史评论丛书；14）
ISBN 978-7-221-14127-9

Ⅰ . ①脆… Ⅱ . ①许… Ⅲ . ①明治维新 (1868) —研究
②体制改革—研究—中国—清后期 Ⅳ . ① K313.41
② D691.2

中国版本图书馆 CIP 数据核字 (2017) 第 098009 号

脆弱的新政：明治维新与清末新政比较

许知远/主编　李礼/执行主编

出 版 人　苏　桦
选题策划　陈　滔　祁定江
责任编辑　刘向辉　潘　乐
出版发行　贵州人民出版社（贵阳市观山湖区会展东路SOHO办公区 A 座）
印　　刷　北京温林源印刷有限公司
版　　次　2018 年 4 月第 1 版
印　　次　2018 年 4 月第 1 次印刷
印　　张　13.5
字　　数　200 千字
开　　本　787mm×1092mm　　　1/16
书　　号　ISBN 978-7-221-14127-9
定　　价　45.00 元

目 录

topic | 专 题

革命的社会土壤

——清末新政中国家、精英与民众的互动

撰文：王笛

　　由清政府推行的清末新政，是一个非常全面的改革，百多年后的今天来看这场官方发动的，涉及中国政治、经济、军事、社会、文化各方面的改良运动，毫无疑问其结果和清政府的初衷相反，这场运动促进了革命的发生，这是清政府以及支持和参与新政的改良者所没有预料到的结果。

　　辛亥革命说到底就是城市的精英革命，如果要理解辛亥革命，就必须了解新政时期中国城市的剧变，特别是看到国家、精英、城市公共空间、大众文化这些关键因素的交互影响和作用。新政时期城市民众与公共空间使用的相互影响，从而使城市文化在晚清经历了重大的变化。社会改良者试图重新构建公共空间，并对市民进行他们所感到迫切的"启蒙"。这个过程使民众与社会改良者建立了一种新的关系。在新政时期，由国家和地方精英主持的社会改良运动中，改良者试图改造公共空间，改变城市面貌和普通民众的公共生活。促进这些变革的原因是多方面的，其中包括地方乃至国家的改良风潮，精英人士对民众的引导动机，西方文明对中国社会生活的影响，及其由新的物质文明所产生的新文化。

　　精英改良者试图以日本和西方城市为模式对中国城市进行改造。20世纪初的新政在经济、政治、教育等领域给中国城市带来了巨大变化。经济方面，

开办了许多新的工厂、作坊、股份公司、商会和各种职业协会；政治方面，清廷颁诏预备立宪，建立了谘议局和城市议事会，司法改革也在逐步推进，这使更多的社会精英可以参与到当地的政治生活中去。但最深刻的变化发生在教育领域，1905 年废除科举考试后，近代学堂逐渐取代了传统私塾。无论是已有科举功名者，还是仍然刻苦攻读的学生，都进入新式学堂学习。同时许多人出洋留学。这一时期，新型知识分子还出版发行了大量的报纸、杂志和书籍，新知识得到普遍传播。

本文所要展示的是，新政怎样在地方层面上发生着影响，通过新政时期的具体事例，从精英和大众相互影响的角度，来看新政怎样造成了中国底层社会与大众文化的大变动，怎样为革命提供了社会的土壤。

大众启蒙运动

地方精英集资创办了许多报刊，成为启蒙运动的重要工具。报纸、杂志等新传播媒介以及新公共文化和教育的发展影响了人们思想意识的变化。传统印书业也发生了转型，如许多书局力图去适应社会的需要，日益增多新书的印售。新式学堂的普遍建立推动了新书特别是各专业教科书的传播，这就导致了相对扩大的图书市场的出现，普遍出售政治、军事、教育、外语、艺术、哲学、小说、历史、地理、科学、社会科学等教科书和阅读书。

随着公共领域的发展，一些社会和文化组织在地方出现了，诸如书报社、阅报所、教育社、书社等建立，提供革命和改良出版物，以使当地人通达外情和改良社会风气，了解世界大势和传播信息。各地还成立教育总会及分会，建立通俗教育社，出版白话报纸、杂志和教科书以及改进人们思想的小说和地方戏，以开通智识。一些公共文化和教育组织还开办公开演讲。在晚清的最后几年，公开演讲经常在地方举行，散布新文化。

开办新学堂是新政最重要的成果之一，1905 年科举制度的废除，使年轻人不再在儒学中皓首穷经，他们进入到近代学堂接受科学和其他学科的教育。许多学堂都来自私塾，地方官和地方士绅在各地普遍建立私塾改良会，这些改良会组织塾师学新教育法、新知识和新学堂的管理。那些能通过考试和达到新教师标准的塾师，被准予改私塾为公立学堂。除了全日制的正式学堂，甚至下层人也可以进入简易识字学塾学习，这类学堂由地方士绅和官员在各地普遍建立，其目的是提供穷人和成人免费教育机会，学堂每天提供两三个小时的课程，有的开办夜校，使苦力们能白天工作，晚上学习。许多学堂坐落在祠堂和庙宇。

由于新政时期清政府对官制进行了一些改革，以及改良思潮的影响，越来越多的人开始懂得政治改革的重要，从而促使他们去学习政法，一些地方精英利用这个机会建立了许多法政学堂，以适应预备立宪的需要。同时，由地方政府主持的"法官考试"也促使许多人进入法政学堂作为晋升之道。这些学堂的确在精英和民众中传播了宪政知识。另外，妇女教育也得到发展，"女学会"成立，以"振兴女学"，许多女子师范和普通学堂建立，促进对妇女的启蒙。

晚清中国，国家角色常常通过社会改良者体现，一些改良者占据了警察局和地方政府的重要职位。在社会和文化转变时期，国家竭力提倡精英文化，限制大众文化的影响和发展。清末新政时期的城市改良揭示了大众文化与精英文化持续不断的冲突。社会改良者在完成他们的"教化"使命中，将下层民众和大众文化看成当然的靶子。在变革的过程中，大众文化的一些特征消失，但另一些新的因素却出现了，购物中心、剧院、电力、路灯、自来水、汽车等等却接踵而来。可是民众并不总是从这些改革中得到好处，有些新的措施和政策似乎是要改善老百姓的物质文化生活，但结果并非如其所愿。而且普通民众也并非乐意接受所有的变动，而是竭力保持他们熟悉和认可的生活方式。即使他们接受了变化，也仍然坚持那些世代相传的珍贵传统。虽然街头文化不可避免地发生了变化，但大多数传统特征仍然保留了下来。人们仍然将街头作为商业、日常生活和娱乐的空间，茶馆依旧是普通民众最欢迎的休闲场所，尽管这些活动受到了政府各种改革措施的规范和限制。

"维新时代"与重构大众文化

精英改良者提出民众需要进行被积极的改造，认为下层民众应该是被控制和规范的对象，企图利用改革作为工具来重塑公众行为，按照他们的模式来改造城市。毫无疑问，新政时期的中国经历了一个"维新时代"。但这些改良者究竟怎样理解"维新"这个词？他们的标准和模式又是什么？一篇题为《说维新》的文章，部分回答了这个问题。这篇文章写道，"新"是"旧"的反义词，作者认为以过去为基础的事物代表"旧"，以现在为指向的事物代表"新"，因此既有的传统和风俗都是旧的和不可靠的，需要改革，改革的结果就是"新"。按这篇文章的说法，所有的传统都是愚昧落后的，因为它们是旧的东西。"文明"这个词在晚清流行一时，但它主要是指西方的观念和行为，改良者把这些观念和行为介绍到了中国。这一认知反映了改良者追求西方的紧迫感。然而，另外一些人则认为，中国传统道德与西方伦理相结合，能构筑最理想的公众行为模式。他们认为民众的"不文明"行为既有悖于新的西方道德标准，也不符合像仁、义、礼、智、信以及忠、孝等中国的传统价值观。尽管以前的精英在正统儒家学说的基础上形成了文化优越感，但随着西方意识形态的渗入，作为社会改革者的地方精英开始感到维持其文化正统地位的迫切性。

在新政时期，社会改良者致力于精神生活方面的改善。由于地方戏是最受欢迎的公共娱乐方式，改良者便从这里入手，首先进行戏曲改良。改良者怎样理解地方戏剧与社会的关系？他们明白戏曲会影响甚至培养公众的品质，也相信改革地方戏是改革社会风俗的最好方法之一，看戏能陶冶道德，尽管戏剧情节时有荒谬并曲解历史，但却能触动人们的心灵并引导他们明辨是非，戏曲改良能促进一种新社会环境的形成。许多地区成立戏曲改良会，以谱写和排演旨在"感化愚顽"的新戏曲。许多传统的鬼怪、情爱、公案等主题的戏剧都可以成为禁止的对象。在戏曲改良的大旗下，传统大众文化面临精英和正统文化的打击。

随着改革浪潮的推进，新兴的地方戏和其他娱乐形式相继出现，出现了一些从内容到语言都有明显变化的剧目，一些以历史和时事为基础创作的新戏也应运而生。总的来说，这些新地方戏剧表达了一个明确的政治动向，那就是支持"新思潮"。各种新式戏园的出现为地方精英提供了沟通合作的中心，并在地方政治的转型过程中发挥了重要作用。

地方戏剧是公共教育、娱乐和文化的重要组成部分之一。在那一时期，许多新知识分子推动地方戏剧的改良，要求限制内容庸俗戏剧的演出。他们还编写了不少激励爱国、鼓吹平等和进步的新戏，并改造传统戏目，上演新编或改良戏。这些新剧开通了人们的智识并成为社会教育的工具。甚至当时十分流行的一些词语也来自于这些戏剧。

　　引进其他娱乐方式与改革地方戏剧同等重要。电影最早可能是 1904 年在中国出现，这个"现代"意义上的娱乐不断扩张，成为民众了解西方文化的重要途径。一则 1909 年刊出的节目广告，其中包括了鬼怪故事、伦敦景致、海军训练、日俄战争和西方魔术等内容。改良者认为，外国电影在倡导英雄主义、忠诚、信任方面有独到的效果，因为这些电影总的说来是写实主义的而且合乎情理。

　　上述这些对新文化生活的描述虽然不尽完备，但却清楚地表明了这个年代所发生的种种变化。人们的消费方式无论是内容上还是形式上，都和以往有很大的不同。这些变化中最具深远意义的是，流行的休闲娱乐方式吸取了西方的新元素，人们有机会接受到非中国式的娱乐方式，这种文化观念的转变反映出了物质生活方面出现的新因素以及整个社会的演化。

　　这是一个传统意识形态和物质生活与西方观念和生活方式共存的年代，人们的日常生活虽然没有发生本质改变，但他们已开始接受一些新的东西，并愿意将某些新的东西纳入他们的生活之中。经济的变革和改良者的努力，使人们的物质文化生活有了相应的变化。新式交通工具、自来水和电力的引进不仅为人们提供了便利，还改变了人们的生活方式。改良者将他们的改革从物质层面到文化生活逐渐推开，取得了明显的效果。对新事物的接受逐渐渗透进入了精神生活，人们不仅能接受新的时尚和娱乐方式，也逐渐接受了新的思想。我们不能说所有的变化都是由于改良者努力而形成，因为其中有一些变化是社会和经济的进步带来的必然结果。但不可否认，社会改良者在将新的物质生活引入人们的日常生活方面，的确起到了积极的能动作用。

民众的反应

随着物质生活的发展和商业的扩大，新政时期的城市布局和人文景观也有所改变。新的商业中心、剧院、公园、街道等如雨后春笋般出现，而旧城墙、城门、寺庙则不断被拆除。因此，改造公共空间是一个边建边拆的过程，既为城市带来了新气象，又持续地摧毁着代表传统的古老格局。在城市改革中，一些传统的公共场所逐渐被挪为他用，改良者将寺庙和庙产视为城市改良资金的重要来源，把寺庙改作其他用途视为理所当然。城市人口不断增长，进一步刺激了商业的发展。地方政府又通过增加商业中心和市场将贸易扩大到城市周边，打开新的城门，拓展城市空间，加强了城墙以外的地区同城内经济和日常生活的联系。从一个方面，我们可以看出城市改革取得的显著成效。街道的改善在城市面貌变化中最为明显。但随着街道的变宽，交通的便利，一些下层民众的传统空间或遭到破坏，或不断消失，而同时日益增加的使用公共空间的规章也激起了他们的不满。

城市改良者把改造公共空间和公共生活作为他们的重要使命，在城市改良中所取得的成功使他们的影响力日益提高。为实现城市改良的目标他们采取了两项策略：一是根据他们的构想来重新塑造城市空间；二是巩固他们对普通民众的领导地位。在新政时期，这些改良精英在政府的支持下谱写了一首意义深远的改革变奏曲。在现代西方城市，社会改革与控制常常成为城市公众生活中政治和阶级斗争的焦点，这些变革所针对的经常是处于社会最底层的人们，反映出了贫富之间、受教育者与未受教育者之间、本地居民与外来人员之间的鸿沟。当精英们努力向他们的目标迈进时，由于文化偏见和阶级歧视，也不可避免引发诸多的社会冲突。事实上，精英对民众公共行为的批评和改造反映出了对公共空间控制的一种权力之争，并表现出他们试图按他们的蓝图"文明化"下层民众的动机。

民众对改良的反应各有不同，取决于各自的经济利益。当然，作为公共空间的主要使用者，他们从展览会、商业中心和公园等新公共空间的开辟中得到了某些好处。但是由于公共空间逐渐受到由社会改良者们支持的地方当局的限制，民众发现在街头谋生和从事娱乐活动越来越困难，能够支配的公共空间越来越小，因此他们为维持对街头的利用而斗争。斗争方式一般是日常的和非暴力的，这即是J·斯各特所说的"弱者的武器"的典型形式，虽然这种反抗经常都不能达到目的，但毕竟体现了他们的诉求。

此外，妇女在公共场所的自由并没有自然而然得到精英或地方当局的支持，而是妇女们挑战传统、受西方文化影响的社会发展的结果。所有这些斗争都反映出新政的政治变革以及精英、民众和公共空间之间关系的变化。在这一社会转变过程中，大众文化不仅是民众自我认同的一种基础，而且也是他们抵抗精英文化入侵并且适应新的社会、经济和政治体制的一种武器。虽然大众遭受到更多的限制，但是并没有证据显示他们放弃或者试图从公共空间退出的迹象。相反，他们挑战日益增多的规章制度并且为继续使用公共空间而斗争。即使公共空间受到越来越多的控制，人们仍然力图摆脱家庭生活的束缚而加入更多的公共活动。人们表现了对公共生活的追求和日益强烈的兴趣。这再次说明了这样一个规律：当人们理所当然地享受某种利益时，他们往往并没有意识到它存在的意义；但当这种利益将要失去时，他们才体会到它的珍贵，而不惜为之而奋斗。"自由"恐怕是说明这一规律的最经典的注脚，而"自由使用公共空间"则是这一规律在新政下层启蒙的具体体现。

公共领域的扩张

"公共领域"是既非个人又非官方而处于两者之间的社会空间。用今天的话来讲，近似NGO。在西方各国，从传统社会向近代社会的过渡过程中，公共领域发展成为与国家权力对立的一种社会力量。在中国，社会的演化也经历了类似的过程。

新政政策从中央下达，但是由地方官具体实施执行，商会是公共领域发展的一个最明显标志。在20世纪初，越来越多的商人意识到组织起来的重要性。如1903年后中国各地商会的设立，1911年全国有商会近800所。除大城市的总商会外，在中小城市和乡镇还有更大数量的商务分会。商会是在传统经济组织基础上建立起来的，在新的社会活动中十分活跃，特别是在力图推动地方工商业的发展方面。除了它们自己设立了一些公司、工场和工厂外，还负责商号和公司的注册。另外，商会还调查商情和举办新产品的展览等，并力图保持市场秩序，强调商学、开商智。商会建立现行法令研究会，学习商律等商业法令。还参加禁吸鸦片的活动，这个运动由地方政府发起，但地方精英和商会扮演了主要角色。它们建立了戒烟会，帮助地方官调查吸烟和已戒烟的人数，建立商界戒烟所，以迫使商人戒掉鸦片。商号的老板都必须向商会登记其雇员吸食鸦片的人数。

新政期间全国各地成立了农务总会和各分会，推动农业的发展，每年定期报告本地农情，还调查土壤、气候、肥料、耕播、收获、粮食、蚕桑、家畜和渔业等。这些信息按月定期发布。农务总会还支持精英建立森林，垦荒，蚕桑等各类农业公司，建立农业学堂和试验场，将一些古代农书从文言翻译成白话，外国农书从外语翻译成中文，并将这些中外农书出版。农务总会还采购和推广新式农具，发动农业调查和试验活动，组织公开演讲，举行农产品品评会，以及给地方农业以咨询。

在新政的自治运动期间，一些非官方的公共组织在地方管理中扮演了重要角色。这些组织包括自治会、城会、镇会、乡会以及城乡镇的董事会。这些组织的性质很独特，它们由地方士绅组织，实际属于公共领域，但它们可运用地方官僚行政的权力。可能这些组织就是晚清国家权力转移的最好证据。1909年，地方政府要求各城、镇、乡预备自治。于是地方精英利用这个机会去建立自治会，董事由绅、商、学界公选。1910年后，各城会和董事会建立时，成员几乎都是地方精英。之后各城、镇、乡会和董事会相继建立。虽然这些自治机构能运用官方权力，但它们都是非官方机构。城会成员有两年任期限制，而且由公选而不由政府任命。它们接管了城镇的大部分行政权，城会建立了教育、卫生、道路工程、农工商业、筹款和咨询等各个部门，这些部门分别行使过去由地方政府行使的职责。

地方精英与国家权力

新政时期中国的政治、经济、教育和文化都发生了巨大的变化。地方精英利用自治的权力去扩张其对地方教育、防务、赈济、公共服务、文化改革、城市建设甚至地方司法的影响。公共领域的扩张在很大程度上是官方推动的结果，地方精英、官僚和国家之间有一种密切的关系。他们相互依赖去达到各自的目的，尽管这些目的经常各不相同甚至彼此对立。地方精英充分利用国家对公共领域发展的支持去扩大他们在社会的影响力。

新政的确扩大了地方精英的社会影响。一般来讲，他们逐渐依赖新政的各种措施作为许多社会和政治活动的基地。一些国家权力也被转移到地方士绅手中，如商会就明显地接管了地方司法的一些权力。根据商会章程，如果商人之间有商务纠纷，商会总理可邀全体会董去解决。各地还成立了商事裁判所，处理商事案子。还介入了中外商人的纠纷，如法商与重庆商人发生商务纠纷，法商在其驻渝领事的支持下，拒绝巴县衙门的判决，但最后同意把这个案子转交商事裁判所处理。当公断所处理商事纠纷时，商会总理为主审官，商人都必须服从，地方官协助执行。显然，像商会这样的社会组织与官方行政机构有了一种重叠的微妙关系。

在20世纪初，地方精英充分利用官方的支持去扩张公共领域和他们自己的权力，新政明显的是公共领域发展的主要动力之一。至少在立宪运动之前，国家机构强化和公共领域之间并没有根本的冲突。国家的角色在不同地区根据其特殊的背景而各不相同。不过应该看到，虽然国家承认和支持公共领域，但并不意味着公共领域可以完全地自由地扩张。它实际上仍然处于国家指导的限制中。换句话说，公共领域如果没有国家的倡导和支持，其发展是很困难的。公共领域的扩张不可避免地与国家合作。国家依赖地方精英与地方社会发生联系，精英便在国家和地方社会间扮演了一个中介的角色。

很清楚，公共领域的扩张与国家有密切的关系。学者们可以找到充足的证据去证明在晚清没有独立的公共领域，甚至一些学者并不认为公共领域的概念可用于分析晚清中国社会。指出公共领域不能彻底独立于国家之外是正确的，但不能就此否认在个人和官方中间的一种明显的"公"的现象存在以及其相对的独立性。公共事务活动的范围既然处于"私"与"官"之间，就不可避免地受到这两者特别是后者的影响。公与官的范围之间的关系是辩证的。它们两者既有自己的活动范围和相对独立，又相互重叠和相互影响。在正常情况下，官方总是乐于鼓励公共领域的发展，因为它可以有助于社会控制和解决许多社会问题。实际上不少地方官认为，公共领域是社会稳定的基础，国家在很大程度上依靠公共领域去实施地方管理。同时地方士绅也认为，公共领域是他们建立自己社会影响和地位的最佳舞台，于是他们利用国家的支持去竭力发展公共领域。

虽然国家支持公共领域的发展，甚至主动转移一些地方权力给地方精英，但这并不意味着在国家与地方精英间没有冲突和斗争。当地方士绅力图为他们自己利益而得到更多的权利时，或当国家企图收回它已授与给士绅的部分权力时，冲突就不可避免。在 1908 年立宪和自治运动开始以后，在国家和地方士绅间的确发生了一些冲突，那些公共组织诸如城会、商会等都得到国家的倡导和组织，其许多活动都与官方合作，但至少在辛亥革命前，随着公共领域的扩张，这些组织开始采取一些反对国家权力的行动，特别是当它们的政治和经济利益受到国家权力威胁时。即使公共领域的发展并没有在根本上威胁国家权力的持续扩张，地方精英的确接管了一些国家在地方的权力。因此，公共领域的发展有可能导致与国家权力对立的民权的扩张以及一个市民社会的形成。公共领域可能是国家和地方士绅合作之间的一个连结处，也是国家和地方士绅冲突的爆发点。

很清楚晚清已形成了处于官和私两者间的社会空间——公共领域。在各主要城市，商会、各种法团、新学校和学生、各种文化和教育组织等，都在这个空间中积极活动。在各个社会层面，从士大夫、乡绅、地方精英到普通老百姓，全都在其影响下，这些非官方的社会领域给地方士绅提供了更多的机会去参与地方政治、经济和社会活动。而在这些活动中，士绅和公共领域与国家之间的冲突便不可避免。这一切因素都推动了辛亥革命的爆发。

下层民众进入政治舞台

在史学研究中，我们常常看见两种不同的学术倾向：研究政治史的学者注重重大事件和风云人物的活动，而社会史学者则钟情于人们社会生活的细微末节。因此，社会史和政治史在所关注的问题上存在着十分明显的鸿沟，但实际上，两者在任何历史阶段、任何区域以及任何历史侧面，都有着不可分割的联系。发现和研究这种联系为政治史和社会史学者扩展了研究空间，找到了结合点。在过去的辛亥革命的研究中，政治史——即精英革命——一直处于支配的地位，实际上辛亥革命本身，无论是直接还是间接，都与民众有着密切的联系，民众在革命中扮演着重要角色，而这个角色则由于精英革命的研究取向而被忽略了。因此对辛亥革命的研究，有必要把焦点从精英革命转到民众革命，有必要把研究方法从政治史转向社会史。这种研究取向，有助于我们进一步理解革命精英人物与一般民众的关系，亦可帮助我们分析辛亥革命的政治土壤和社会根基。

辛亥革命的发生是与新政时期城市精英和民众的结合分不开的，而这个结合便是以城市改良为契机的。城市改良精英积极对大众文化进行改造。当他们力图创造新的城市形象和引导公众舆论之时，便深深地卷入了大众文化，并将下层民众拉入地方政治的轨道。当他们试图"启蒙"民众之时，诸如向民众灌输文明进步、爱乡爱国、地方权力等等概念时，改良精英便有意识或无意地引导下层民众卷入了地方政治。下层民众虽然是市民的主体，但长期以来他们在城市政治中无法表达其政治声音。虽然民众经常使用其公共场所的行为去表达自己对社会、政治以及个人处境的不满，但他们并不能形成有组织的集体行动。然而，下层民众一旦被"启蒙"和调动起来进入政治舞台，他们不再是那么容易被控制的了。下层民众不再像过去一样任人摆布，不再总是消极地被精英和国家所改造和控制，他们亦会奋起为生计、生存和自己的政治利益而斗争。在清朝覆没之后，许多改良者才逐渐意识到他们是怎样帮助形成了一场他们原本反对的、武装的政治革命。

从清末新政与明治维新谈起

访谈、撰文：王雨

辛亥百年以来，学者们开始重新思考晚清以降众多变革对社会的影响。围绕清末新政和辛亥革命两个核心议题，争论不断。针对这两个问题，《东方历史评论》采访了加拿大约克大学历史系教授傅佛果（Joshua A. Fogel）。作为 2007 年哈佛大学赖肖尔讲座系列（The Edwin O. Reischauer Lectures）的演讲者以及加拿大研究讲席（Canada Research Chair）的获得者，傅教授执中日交流史研究之牛耳。在中国问题上，傅教授的基本观点是，理解中国的近代化，必须将日本考虑在内；理解日本亦如是。这一观点贯穿在他的一系列著作之中，并最终形成汉文化圈（Sinosphere）这一概念。在《表述汉文化圈》[1] 中，他强调，汉文化圈是指涉亚洲地区使用汉字的国家群体的有效概念，能够凸显群体内部的互动和矛盾而不掩盖其同一性。

在此次访谈之中，傅教授从汉文化圈的角度对中国近代化与日本的关系进行了深入阐述。他认为中国和日本的改革轨迹虽然有些不同，但大体相似。不过，从另一方面讲，这些针对语言、教育和文化习俗的改革却大大地削弱了汉文化圈的一体性，使得汉文化圈不如以前那么凝固，并且日趋解体。虽然目前无法评价汉文化圈解体的具

---

[1] Articulating the Sinosphere: Sino-Japanese Relations in Space and Time, Cambridge: Harvard University Press, 2009.

体影响，但是傅教授对教育和文化习俗变革带来的女性解放和权利提升持积极的态度。

在傅教授看来，中国学界当下对历史的改写并不是一种特殊现象。以自己的受教经历为例，傅教授讲述了美国学界及学校教育对殖民历史的态度是如何由称赞转向批评的。在承认历史、历史书写和现时环境三者之间存在张力与互动的基础之上，傅教授认为以肯定人的尊严为基础的历史改写是积极的，值得期待。

教育、新政与明治维新

东方历史评论：2011年是辛亥革命百年，中国许多学者借此机会重新反思辛亥革命和清末新政的意义。有些学者认为，辛亥革命打断了清末新政，否则的话中国或许会成为一个宪政国家。请问您如何看待清末新政和辛亥革命之间的关系？

傅佛果：这是一个很有趣的话题。大约二十年前西方学界出过一本书，该书认为慈禧太后主导的清末新政将会把中国变成另一个日本，一个发达的国家。[1] 但是辛亥革命中断了这些改革，中国也由此陷入了政府赢弱、军阀混战的地步，直到一九四九年结束。此时的中国既不是一个宪政国家也不是一个法治国家。当然，君主立宪也不是依法治国，但是改革确实将中国引上一条积极的道路，对女子开放教育，送学生出国深造，建地方议会等等。革命一爆发，这些好事全泡汤了。

我不确定上面这种看法是否正确。只能确定，这是一种不同的认识中国过去的方法。这是一种对研究来说积极的方法（productive way）。在比较的视野下重新考量这些因素，日本是清末新政的样板吗？不全是，但基本上是的。

---

[1] 傅教授此处指的是 Douglas Reynold, China, 1898–1912: The Xinzheng Revolution and Japan, Cambridge: Harvard University Press, 1993。

我认为这是学界值得努力的一个方向。

东方历史评论：你能从教育方面谈一谈清末新政和明治维新吗？

傅佛果：当我们比较二者的时候，我们会发现，相比于中国，日本遭受帝国主义的磨难要少很多。导致如此的原因很多。其中一个常常被忽略的原因是，日本很小，帝国主义者从那里得不到多少东西。当一八五九年日本被迫对外开放的时候，上海和广州已经聚集了不少外国人。除此之外，我觉得一个简单的解释是，中国人在向外界学习方面经验很少。相比之下，日本除了这个一无所有。曾经有人向我指出，中国的佛教是外来的，而且佛教在中国影响也很大。是的，佛教是中国向外学习的，但也加入了很多中国元素。更何况佛教很久以前就来到中国了。

言归正传，或许是因为跟西方列强打交道的屈辱经历激起了民族主义和自重（self-importance）情结。在日本，遇到类似的事情，日本人会想："我做错了事，我得看看其他人是怎么做的。"而中国人则会想："我做错了事，我下面该怎么办呢？"所以，日本"开放"了。当它开放时，它的尺度非常大。它输送成百上千的学生出国学习科学技术，重建教育制度。从一八六八年明治维新到一八九八年宪法建立，发展速度很快。这也不是纯粹的民主，因为日本有天皇，而且权力很大。作为中国的样板，不错。而且日本是一个从君主制过渡到君主立宪制的国家。慈禧太后和光绪皇帝正想如此。

同时，日本人把众多自然科学、社会科学的著作从德语、法语、英语等其他西方语言翻译成日语。他们或许低估了翻译的难度，但这也比让所有人去学习这些语言要容易一些。所以，当中国留学生抵达十九世纪末二十世纪初的日本时，展现在他们眼前的是全面的日译西学文献，一个西方世界的缩影。这比把他们送到法国、德国、意大利、俄国、英国和美国要方便多了。这些国家浓缩成了日本。去日本的中国妇女，她们也先接受了公共教育。秋瑾就是最有名的例子。到了清廷的最后几年，教育制度也像日本那样进行了大刀阔斧的改革。所以，我认为中国和日本的改革轨迹虽然有些不同，但大体相似。

东方历史评论：科举制度的废除给清廷推行新政增加了额外的困难吗？废除科举对新政甚至辛亥革命造成了什么影响？

傅佛果：如果清政府缓缓地推行教育改革，或者缓缓地终止科举制度，那么新政就不会表现出如此大的破坏力。但是，明清两朝都有很多通过考试但又分配不到职位的年轻人，而且对他们没有妥善的处理。就好像现在的西方社会，培养出太多的博士生，但只有有限的教学岗位。所以，如果说新的教育制度帮助了一些群体，尤其是女性，那么它还可能造就了一批更加不满的男性，因为现在找到合适工作的机会更渺茫了。而辛亥革命则给他们提供了一个改变命运的机会。我用了太多"如果""可能"，显得不够肯定。因为答案本身就不确定，更何况我们根本就不知道呢。

明治人看明治维新

东方历史评论：明治时期的日本人民如何看待明治维新？

傅佛果：这取决于你是谁。如果你是一个农民，那将会非常痛苦。在日本，人们经常说，明治维新是建立在日本农民的脊背上的。他们要交很重的税，因为政府需要很多钱重建自身以及推进改革。还有其他因素。比如说，日本要建立现代军事制度。每一个现代国家都要有现代军事力量。在这方面不能依赖他人。但是，日本没有建立大规模常规军队的传统，有的只是携带武器的武士。于是，明治维新甫始，他们就废除了等级制。究竟如何才能建立军队呢？这也是中国人镇压太平军的时候面对的问题。要发武器给农民吗？如果给了他们武器，他们可能把矛头对准你。

如果你要建立一个现代军队，你必须给他们一些东西作为回报。要不然，他们为什么要为一个叫作"日本"的东西去贡献自己的性命？所以，日本是一个现代意义上的民族国家，也只会发生在这个时期。这也就是为什么他们必须创造动力，比如学校、制度、机构等等。当政府征兵的时候，才没有人会反抗。在美国，当人们被征去参加内战的时候，出现了强烈的抵制现象。没人想去。所以，这是新近的现象。

如果你是一个商人，这是一个很好的机会。在《表述汉文化圈》一书中，我探讨过这个。这些外国贸易商在亚洲市场上迅速扩张。而且，这些不是一两年的项目，它们长达三四十年。如果你是一个知识分子，那么机会也不错。大量的国立大学成立，然后是省立大学，再然后是私立大学。这是非常有意思的。即使是加拿大也没有私立大学。中国现在似乎开始有私立大学了。当然，美国有很多私立大学，它们是日本教育的模板。

真的，这取决于你的身份。如果你是一名女性，情况也会非常不错。事情发展得很快，一切都比以前有所改善。即使是旅行，以前跨地旅行的时候需要随身携带文件，现在这些边界也逐渐暗淡下去。如果你想要的不是一大堆小国家而是一个统一的民族国家的话，这是必须要做的。

日本很幸运，在明治维新后的三四十年内没有遭遇侵略。有很多有远见的人士持续推动变革。天皇也不再那么重要。紧接着有了日俄战争和甲午中日战争。日本赢了俄国和中国。从过去这一百五十年来看，这并不是一个皆大欢喜的图景。日本也出现了许多社会和政治问题。

汉文化圈与文化中心的位移

东方历史评论：如何看待明治维新、清末新政以及辛亥革命对汉文化圈的影响？

傅佛果：首先，让我提供一点背景知识。我那时在做一系列的演讲，这些演讲后来就变成了那本书。[1] 我抛出这个词，因为它刚好可以囊括东亚所有使用汉字的国家。但是，在提问环节，听众们揪住这个词不放，开始不断地质问我："它是指这个吗？""它是指那个吗？""请稍等一下"如此不断。当我坐下来，把这些讲稿改写成书的时候，我开始认真思考这个问题。我觉得它依然是一个有用的词汇。它并不仅仅指所有使用中国汉字的国家。它的内涵随时代而变。直到被法国占领之前，越南人一直在使用汉字，而且他们还有自己的语言。但是，它消失了。再说一说朝鲜人。他们的语言也差一点绝迹。在日本，中国的

---

[1] 指的是 2007 年的 The Edwin O. Reischauer Lectures，后来讲稿被改成了上文中的《表述汉文化圈》Articulating the Sinosphere：Sino-Japanese Relations in Space and Time。

汉字遗留下来，但使用的数量和以前比大为减少。所以，我认为在过去这一百多年内，这些凝聚汉文化圈的元素，儒家思想、传统中国文化、汉字，都在变弱。在这一点上，中国境内的复兴汉文化的现象是有趣的。你如果去曲阜，你会发现，许多韩国资金流向那里。韩国人是非常信奉儒家的。一般都说，改教徒是一个宗教里最虔诚的信奉者。所以，韩国人要比中国人、日本人及其他所有人都要虔诚。这虽然有点夸张，但确实是许多韩国资金流向曲阜，重建儒家礼仪。不论如何，这一衰落的趋势虽然有点让人悲伤，但不可避免。过去，许多受教育的中国人可以轻易地阅读文言文，但现在文言文退出大众，只有学者们才能读了。我还听说，在中国，年轻人甚至都读不了繁体字了。

东方历史评论：差不多是这样。

傅佛果：学会繁体字之后再学简体字似乎要比先学简体字再学繁体字容易一些。汉字是汉文化圈的核心。但汉文化圈基本上已经消失了。这和现代化和改革有关，教育系统也不再教授以前那些内容了。我认为平民教育（Public Education）是好的，它让很多人受到教育。从整个亚洲来看，日本的识字率是很高的，中国的识字率这一百年一直在上升。所以，我不确定明治维新或者辛亥革命是不是问题的根源，但它们都对社会游离出汉文化圈起了推力的作用。

东方历史评论：在19世纪末，日本成为东亚的"西方"。在你的书中，你认为十九世纪六十年代东亚的"西方"是上海。[1] 这里存在"西方"在汉文化圈（Sinosphere）内的位移，还是这一区域有多个西方中心？

傅佛果：上海似乎一直领先于中国的其他地方，至少在历史推进的轨迹这一层面上表现如此。那个时候，上海有许多西方人，还有许多日本人。它懂得世界运行的方式。但是，当你走进十九世纪六十年代的中国农村，你会发现它和宋朝的时候没有很大变化。上海可能是个历史的错误，但它不是。上海是未来，是中国其他地区追赶的方向。从孟悦的书中，我知道一件有趣的事。[2] 上

[1] *Articulating the Sinosphere：Sino-Japanese Relations in Space and Time*，Cambridge：Harvard University Press，2009.

[2] Yue Meng，*Shanghai and the Edges of Empires*，Minneapolis：University of Minnesota Press，2006.

海并不是西方人来了才发达起来的。早在那之前，上海就是一个重要的港口城市。西方人肯定是经过侦查才认识到了它的重要性。

上海成了中心。许多中国的文人、知识分子穿破重重障碍，进入上海。我们说话这会儿，我想到孙中山。他并没有花很长时间在上海。他甚至没有花很长时间在中国，他在全世界奔走。我最近在读一本关于鲁迅的书。鲁迅生命中的最后九年都在上海。虽然他不是出生在那里，但他在那里去世。许多人都在抓他，日本人在抓他，国民党也在抓他。他到租界寻求庇护，在那里他是安全的。许多左翼中国知识分子都是这样保护自己的。北京、天津、广州也有租界，但它们和上海不同，上海是特殊的。

东方历史评论：你认为明治维新以后，日本成为亚洲的中心了吗？还是亚洲从来都有多个中心，而明治维新只是把作为中心之一的日本变得非常显著？

傅佛果：日本有些学者是这么认为的。甚至早在十八世纪，有些人就认为中国的儒家理念发源于日本。"中国"也是以日本为中心的。这不是主流的观点，但它一直存在。也有学者认为中国的中心是一直在移动的。一开始是在西安，差不多一千年以前，移到了扬州、杭州这样的城市文化中心，再后来就到了广州和上海。然后就经水路到了日本。所以，到了十九世纪的时候，日本的东京以及京都已经成为学习儒家经典和汉学的中心，因为他们努力去维持这个传统。

东方历史评论：对，甚至在明朝被满人推翻，建立清朝的时候，朝鲜人和日本人已经开始思考中华文化中心的转移问题了。

傅佛果：哈哈，是的。他们认为满人是野蛮的。日本很幸运，因为有水阻隔，所以就挡住了满人。相比之下，朝鲜就不是那么幸运。蒙古人之前就侵略过他们。朝鲜人有自己的应对策略，比如不接受历法，比如保持崇祯皇帝的年号。对，这是一个很好的例子。

翻译与民族性的形成

东方历史评论：在十九世纪中期，《万国公法》首先被翻译成中文，但完全被中国人忽视，直到它流入日本，明治维新时被日本人使用，然后才又被中国人了解，从而回到中国。

傅佛果：是传教士把它翻译成中文的。你说得对，它最初在中国没什么影响。它通过书籍贸易进入日本。日本的政府领导和知识分子受这本书影响很大。他们看到，如果我们想加入国际社会，我们必须接受国际法。而国际法，说白了，也就是西方法。制定的时候，没人问过中国或者日本的意见。但是，这就是十九世纪的法律，强权政治随处可见。晚一点，当中国学生到了日本，看到丁韪良的《万国公法》，才又引进回去。日本人经常自嘲式地称自己为翻译文化。因为他们的文化很多都是外来的，通过翻译成日文得到的。这并不是说日本人为此感到非常惭愧，而是觉得这是既成事实（fact of law）。如果你去一家日本书店，走到小说专柜，你会看到日本小说和翻译小说两类，它们数量相当。有太多东西被翻译成日文。现在看来，这很有趣。但回到当年，十九世纪末的时候，翻译这些重要著作是非常重要的。那些去荷兰和德国学习的学生，他们最经常做的事情就是翻译这些国家的学者的讲稿了，然后这些译著就在日本国内流转开来。

东方历史评论：你认为这种翻译文化影响到日本的民族性（nationality）以及日本人的个人认同（identity）吗？

傅佛果：有意思的问题。我觉得应该有影响。我首先想到的是，如果一个人所有的东西都是翻译得来的话，那么他实际上没有什么是属于自我的（indigenous）。我读研究生的时候有位教授说，有的文化是净进口者（net importers），有的文化是净出口者（net exporters）。按照这一说法，中国就是净出口者，日本就是净进口者。这可以一直追溯到日本第一个王朝建立时的文化输入，不管是儒家理念还是佛教。至于中国，举个例子，每个王朝都有自己的法典。它们虽然都是基于前朝的法典而编，但总会有所不同。日本人仔细研究了这些法典。我很难想象这些法典会给不是律师的读者带来任何乐趣。但他们仔细研究这些法典，他们可能会用它，也可能不会。在中国，人们一直在造新的东西出来。在日本，他们一直在盯着外国的成果。这对民族性和自我认同有什么影响？对于净进口者来说，他们没有自己的认同，或者说自我认同的缺席（absence of identity）。但这就是他们的认同。那个时代最伟大的思想家福泽谕吉说，那就是我们，我们的文化。

东方历史评论：这很超现代，这是后现代。

傅佛果：对，150年前的后现代。我觉得这对于今天的我们或许有一些难以理解，如果一个人引用了一个法国哲学家的话，这并不意味着这个人缺乏自我认同。这里存在着一个理念的交流市场，所有东西都在这里流通。他们有所属的民族性吗？我真的不知道。引用某个人可能比较时尚，引用另一个人可能就不那么时尚。但我认为，民族性并不是一个重要的议题。

东方历史评论：是的，所有的民族性和个人认同是现代的产物。过去的人并不用这样的词汇去思考他们的人生，也并不认为缺乏它们会对生活造成任何障碍。

傅佛果：你说得对。他们可能会思考文化等等。我在书中曾开过这样一个玩笑，关于周朝中国。没有一个周朝的人会认为自己是中国人。他们认为自己是周朝的子民。周朝也不会认为自己开始于这一年而结束于另外一年。它认为自己是要一直持续下去的。就是这样。用这些概念思考是一种非历史的思考事情的方式，我们现在倾向于把我们对世界的看法强加到别人身上。

东方历史评论：你说得是。即使是清廷的皇帝，一直到最后，他们都认为自己是大清帝国。中国这个词和大清完全是两回事。

傅佛果：对，两者完全不相关。关于中国的称谓问题，我曾经写过一篇论文。针对中国，有很多不同的称谓。中国有许多种意思。还有中华、华夏。日本人用"支那"。过了不久，一些中国人也开始使用这个词。这个时期的中国是大清帝国。这个是最重要的，其他的只是名字而已。当一些人想把中国和清朝分割来的时候，他们必须想个能持久下去的名字。他们试一试这个，试一试那个。将民族国家看作是永恒存在的是一种非历史的处理问题方式。这种情况不仅中国有，全世界都有。

殖民主义、历史书写与未来

东方历史评论：我知道有些学者倾向于认为明治维新在某种程度上为日本帝国主义铺了路，比如说《日本的东洋》。[1] 你对此有什么看法？

傅佛果：我对他这本书并不特别喜欢，虽然那代表了一些学者的观点。福泽谕吉曾经说日本应该脱离亚洲。从地理上讲，这是不可能的。但是，在哲学和思想层面上，日本应该加入西方。这是"脱亚入欧"这一表述的另一半。加入欧洲意味着很多东西。它包括我们谈过的所有改革。它也包括日本想以一种可见的方式参与到列强中去。这种力量在侵略和建立殖民地的过程中加深了他们对自我重要性的认识。英国、法国、德国以及稍晚一点加入的美国都是如此。

帝国主义一词，在二战以前，甚至更早一些的时候，并不是一个贬义词。有些人是帝国主义者，他们有一个帝王，他们还有一个帝国。在亚洲，日本能占的地盘不多。它先是一点点蚕食朝鲜，然后在一九〇五年将其变成殖民地。而早在一八九五年就在甲午战争中从中国夺走台湾。这是一个扩张的小帝国。你可以争论说明治维新开启的是一条对外扩张侵略的道路。我也可以争论说不是。这种说法有一定的道理，因为它这是现代性演进的方式。现代性和帝国主义勾连在一起，但并不意味着现代性直接诱发帝国主义侵略。加拿大没有任何殖民地也同样变得现代。

东方历史评论：加拿大自己就是一块"殖民地"。

傅佛果：对，加拿大自己就是一块"殖民地"。我在美国读高中的时候，我们谈论殖民地。美国的十三个殖民地。那时是好东西。正是在这十三块殖民地上开启了美国民主制。但现在，五十年过去了，一切都变了样。殖民地现在变成坏东西了。人们开始讨论英国帝国主义的海岸，以及加拿大的法国帝国主义。这并不一定是好事。我们不断地审视历史，从中挖掘出耳目一新的讨论问题的方式，这是很重要的。当你看待一件事情，总是考虑它是好事，还是坏事，

---

[1] Stefan Tanaka, *Japan's Orient*, Berkeley：University of California Press, 1993.

它是积极还是消极的，这样不行。因为它取决于你从多远的地方审视。如果从明治维新开始之后 30 年往回看，它是成功的，但事情开始变糟，因为有日俄战争以及后面的中日战争等等。

你提出的问题是非常重要。对于一个中国史学者，如果写一个 70 年或者 75 年的日本帝国主义史，以一九三一年为终点往回写。这很容易。因为你知道发生了什么。但在当时要想知道什么将要发生，这是非常困难的。我们眼前就有这样一桩事。美国、英国和法国应不应该侵占叙利亚。有些人认为打仗不好，有些人认为这是击败 ISIS 的唯一方式。但现在，你和我都不知道将会发生什么。但是，30 年以后，当你在某地，而我则很可能已经不在了，你可能会说，天啊，他们为什么要这么做？难道他们看不见吗？或者你会说，天啊，他们太聪明了。他们就知道会这样。当年布什出兵伊拉克的时候，也是这样。经过简短的战斗，就宣告说任务已经完成。谁也不知道后面这些事。所以，这取决于你从哪扇窗户向外看。

东方历史评论：作为一个 50 年前被教导"殖民地是好的"，50 年后又被告知殖民地是不好的的经历者，你如何看待这样的人生？

傅佛果：很幸运，我的孩子们现在在加拿大上学。他们学的是非常不同的历史。我认为这从许多方面来看是一个进步。我在加州长大，那里许多人的祖先都是土著。他们被称为印第安人。但在加州，有许多不同的印第安人，许多不同的生活。所谓的哥伦布大发现是荒谬绝伦的。所以坦白地讲，我觉得这是变好了。国家做的很多事情我是不喜欢的，但在这个事情上，重新审视欧洲的侵略和移民，我觉得是好的。这里，我不认为它曾经是好的，现在是不好的。我觉得现在看这些问题，要看到它们的复杂性。在高中里，你只需要记住对错就好。但作为研究生，你就必须知道一些更精妙的东西。我认为这是有意思的现象。

东方历史评论：在中国，20 年前，教科书上说清末新政糟糕透了，辛亥革命虽然失败了，但依然是伟大的。现在，说法就变了。

傅佛果：这很好。你问我的第一个问题就暗示学者们开始重新思考辛亥革命的利弊。清末新政也是在最近才被大家真正认真地思考。这些变化发生的比较慢，但确实在发生，而且从学者争论到编入教科书也需要一段时间。但最终肯定会变。而且，现在越来越多的中国学生出国留学，有一些回到中国，有一些留在海外。现在是一个更加国际化的世界。你不可能想着这些中国学生在国外一段时间然后回到国内而不受任何影响。他们肯定受到了影响。这样好。

东方历史评论：在来采访的路上，我在想一个问题。多伦多有来自全球各地的居民，上海以前也是这样的。你觉得50年之内，不仅加拿大和美国能够做到吸引外国移民，中国是不是也能做到？

傅佛果：这是一个非常有意思的问题。我经常想这个。因为我知道有一些学者，欧洲的有，美国的也有，他们现在住在中国。并不是因为他们和中国人结婚定居在中国，当然有些人确实是如此，但是他们决定把中国变成他们的家，这是不可想象的。当我还是你这么大的时候，作为研究生，我连访问中国都不行。我只是觉得这些有一天终究会变。确实变了，现在西方人真的在中国有他们自己的家。他们住在北京、上海、广州、他们的身份是记者、退休人员、商人等等。在北京奥林匹克期间，我看到电视上报道说外国人在中国开昂贵的饭馆。中国真的在变。

现在我们在多伦多。一件极其有趣的事情是有关叙利亚难民的报道。美国没有这个。他们还在很糟糕地辩论着。在加拿大，你听不到那么消极的评论。我时常看新闻，听广播说这个事。这是政治移民，和学生留学不同。我非常高兴加拿大这次能够站在正确的历史这一边。在不久的将来，在多伦多和这个国家其他的城市将会有相当数量的叙利亚难民入住。这是一个巨大的人类实验。在我看来，加拿大做得非常棒。

东方历史评论：这是全球化，人类移民史上的创举。

傅佛果：绝对是这样，全新的故事。

载沣与宣统朝政局

撰文：刘大胜

> 大清，最终在乱象丛生的宪政和革命纷争中被赶下政治舞台，留给
> 后人太多的感慨和教训。载沣，作为宣统朝的监国摄政王，一位实
> 际执掌帝国权柄的统治者，没有紧跟历史发展的脚步，适时进行政
> 策调整，最终被时代所抛弃。在参与政事尤其是处理武昌起义爆发
> 后的事件时，载沣究竟经历了怎样的心路历程，如何在乱局中试图
> 施行宪政方案，为何又在风雨飘摇中务实隐退，需要后人仔细揣度。

载沣的上台与施政

载沣是典型的天潢贵胄，身上流淌着满洲皇室的血液，也注定承担着执掌帝国神器的重任。他出生在后海旁边的醇亲王府，与光绪皇帝是同父异母的兄弟。按照皇室继承传统，光绪皇帝已经出继，贵为帝王，载沣作为第一代醇亲王奕譞在世的长子，将继承世袭罔替的醇亲王爵位。

载沣自小受到极好教育，养成了彬彬有礼、谦虚谨慎、不张扬、不骄纵的性格，像他的父亲奕譞一样，低调做人，踏实做事，保守中带着一点循规蹈矩。1891 年，奕譞去世，八岁的载沣成为第二代醇亲王。

庚子年，义和团兴起，八国联军入侵，载沣也同两宫一起，急匆匆向西逃亡。

战争结束后，中外议和慢慢达成，赴德道歉成为议和条款之一。德国为了惩罚大清枪杀公使克林德，要求派出有分量的亲王专程赴德道歉。慈禧太后环顾朝堂，把眼光定向载沣，任命其为"赴德道歉头等专使"，希望其能够做到得体有节，完成这个历史重任，为帝国挽回一丝颜面。

在整个出使行程中，载沣一切从简，待人接物均可圈可点，并且坚持自己的随从不向德皇威廉二世行跪拜礼，赢得中外臣民一致好评。在政坛上小试牛刀，就初试锋芒，崭露头角，载沣自此踏上政治的星光之路。1902 年 9 月，载沣与慈禧太后指定的荣禄之女瓜尔佳氏完婚。1906 年 8 月，载沣被派与军机大臣等共同阅看考察各国宪政大臣所上的条陈，参与中枢决策。1908 年 2 月，慈禧太后加恩载沣在西苑门内乘坐二人肩舆，并补授军机大臣。在庚子年后一段时间内，因为光绪皇帝参与朝政有限，所以一些重要的祭祀活动都由载沣代行，这在《醇亲王载沣日记》中留下大量记载。作为一颗新星，载沣已经在政坛冉冉升起。

11 月初，两宫健康状况急剧恶化。光绪皇帝没有子嗣，需要从近支王公中择选皇位继承人。无论是从血统上论，还是从慈禧太后预期的构想看，载沣之子溥仪都是首选。11 月 14 日、15 日，两宫先后故去，溥仪继位，载沣成为监国摄政王，匆忙之中接过帝国重器。按照慈禧太后的政治架构，载沣拥有实际的行政权和统治权，而隆裕太后则拥有最终的决策权，重大事情由其颁发懿旨。这是另一个叔嫂结合的政治权力结构，但是隆裕太后的政治能力实在平庸，长伴慈禧太后身边，竟然连个统治术的皮毛也没有学到，对载沣施政没有多少加分。

成为帝国的实际主政者，载沣并没有给国人带来太多希望，更多的反而是失望甚至绝望。其坚持和制定的一些大政方针，已经不能适应时局的发展。当初那个开明务实、亲善有为的亲王形象，已经随着时间的推移和政策的施行，在民众中慢慢模糊，演变成一个不合格的统治者形象。载沣本来只适合做个承平时代的王爷，按部就班施行朝政，在乱世中确实没有雄才大略和杀伐决断，无法挽救风雨飘摇的晚清政局，也无法保住爱新觉罗的皇位。

两宫在世时，已经颁布《钦定宪法大纲》，郑重宣布预备立宪期为 9 年，并开列《九年预备立宪逐年筹备事宜清单》。这部宪法以日本宪法为蓝本，强调君主权力永固，适当放开行政权、立法权和审判权，深合包括载沣在内的王公贵族心意。在赴德道歉行程中，德国皇帝所秉持的"皇室权力不容旁落"的信念，已深入载沣内心。何况中国传统帝制的"家天下"观念也被皇室人员奉为圭臬，缺乏西方共和意识的载沣不可能超越这个时代局限，主动让渡至高无上的皇权。宪政的火车已经开动，谁也不能阻挡，萧规曹随也属情理之事，乱世风云中只有坚持按既定方针办事，才是首选。

载沣一上台，就以宣统皇帝名义重申九年立宪期限不变，内外诸臣不得观望迁延，以免贻误时机，务必使得立宪大计真正落实到实处，随后又接连发布诏书谕旨，为立宪造声势。在立宪大事上，载沣一开始就向外界明确了态度。

此时，各省咨议局已经召开，正在筹组资政院。资政院采用一院制，有议定国家预算、决算、税法、公债和制定法律法规、弹劾大臣的权力，是立宪阶段的过渡产物，所议决的各项事宜必须具折上奏，请求皇帝下旨决定可否。在咨议局和资政院的定位上，虽然明文宣示，但是载沣和众多中枢决策者们与立宪派之间产生巨大分歧。载沣认为，咨议局和资政院仅是一种过渡和准备，并非完全意义上的国家议会和地方议会，其功能应该加以限制，仅拥有一定的参政议政权，并不具备完全的立法权和监督权。正是因为这种认识，载沣没有把咨议局和资政院放在特别重要的位置，仍然在实际运行中习惯性地按照旧规则做事，屡屡侵犯咨议局和资政院权限。而地方立宪派则把咨议局和资政院当成正式的议会机构，认为其有完全的立法权和监督权，于是大肆鼓噪，频频斥责当权者没有诚意。在整个宣统政局中，载沣因为未能定位好咨议局和资政院的角色，失去了部分立宪派的民心。

清末政局急剧变化，各种风潮勃兴繁盛，速开国会便是宣统朝的主要风潮之一。1909 年年底到 1910 年年初，张謇等人发起第一次国会请愿，公推代表入京，代表们向督察院呈递请愿书。载沣发布旨意，对请愿团表示慰问，同时表明坚持九年为期的态度。因为大清国土辽阔，国民的知识水准和政治能力总体偏低，而且各地参差不齐，一时难以召开国会，如果召开国会则难免出现混乱。所以载沣强调，各位议员目前应该加强地方咨议局和中央资政院的工作，为未来国会多做准备，等时机成熟时候再行召集。

但是，这些理由并不能被国会请愿团认可，新一轮的请愿活动也在酝酿。1910年6月，各省请愿代表80余人呈递请愿书，各省咨议局、商会、地方乡绅和华侨代表也纷纷呈情。载沣对第二次请愿活动感到头疼，一时间无从措手。要求让军机大臣解决，军机大臣交政务处解决，政务处讨论数日，仍无结果。最后，军机大臣领班奕劻请求载沣召开政务处王大臣会议，意见仍然不能统一，有人主张缩短期限，也有人反对缩短期限。载沣鉴于朝中意见不一，认为还是按照既定方针办，速开国会会打乱整个立宪步骤，容易引起朝廷纷争。在如何答复上，载沣要求软言慰谕，以免引发民众反弹。

可是，此时立宪风潮已经蔓延全国，从官到民，从上到下，无人不谈立宪，无人不言国会。速开国会、缩短立宪期限的呼声响彻中华。第三次国会请愿运动逐渐兴起，多数地方督抚也表示支持，部分王公贵族如载涛、载泽、毓朗等人也主张缩短立宪期限到3年，利用3年时间完成财政和海陆军建设以及建立责任内阁。载沣认同这个意见，对请愿运动做出一些让步，同时警告立宪派如果一味滋扰，将以藉词煽惑、希图破坏的罪名进行整治。面对朝廷的有限让步，主张请愿运动的团体也出现分裂，部分人认为达到了目标，而另一些人则认为朝廷缺乏立宪诚意。

在风潮迭起、朝政纷乱中，以孙中山为代表的革命派宣传革命理想，多次发动武装起义，意图武装推翻清政府。以载沣为代表的改良运动和以孙中山为代表的革命运动展开赛跑，努力践行着自己的政治理想。

立宪运动并没有让载沣失分太多，而亲贵当道和皇族内阁则让其陷入孤立。宣统一朝中，以载涛、载洵、载泽、毓朗等满洲亲贵为代表的太子党兴起，占据朝廷要津，让人侧目不已。以"足疾"为由将袁世凯排挤出中枢，加之张之洞去世，朝廷中枢缺少重量级汉族大臣坐镇，让载沣遭遇信任危机，汉族士绅官僚渐渐与其离心离德。

1911年，载沣以宣统皇帝名义颁布《内阁官制》和《内阁办事暂行章程》，并谕令组织责任内阁。新成立的责任内阁基本由原来的军机大臣和各部尚书组成，新瓶装旧酒，依然原汁原味，了无新意。奕劻担任首任内阁总理大臣，满族大臣 9 名，其中 7 人还为皇族，汉族大臣仅有 4 名，因为皇族占据过多并占据主要职位，所以被戏称为"皇族内阁"。

满汉比例一直牵动大清政局最敏感的神经，这样的内阁设置很容易给外界留下重用皇族、崇满抑汉的印象。内阁名单一经公布，就引来舆论一片哗然。张謇特意赶到北京，向载沣陈述问题的严重性，希望不要把国运孤注一掷，以致大局无法挽回，载沣并没有听进这些忠言。因为亲贵领政是大清尤其是咸丰朝之后的政治传统，恭亲王奕䜣、礼亲王世铎、醇亲王奕譞、庆亲王奕劻等都曾担任要务，现在由奕劻组阁并没有什么不妥。在载沣看来，帝国中最值得信赖的就是宗室亲贵，只有他们才与皇帝的利益最吻合，既然打破满汉藩篱，汉族大臣可以担任内阁大臣，满族大臣和宗室亲贵也可以担任。至于任用人才，也是尽可能地选贤任能，虽然难免个人偏好，但设司用人是君主权力，容不得他人染指。

如果以此来批评载沣缺乏诚意，也未免武断。因为按照既定方针办事，以宪政完成强国，载沣也有真诚的成分，只是他那点对于西方民主的皮毛认识，不可能理解责任内阁的精髓。排除宗室亲贵担任国务大臣甚至内阁总理，正可以让皇室远离政治纷争，处在一个超然位置，从而规避政治责任，只有这样才可以保证皇权永固，载沣对此认识并不深刻。加之载沣也明白自己是中才之人，缺乏驾驭群臣的能力。能力弱当然导致格局小，所以选才任能就变成了任人唯亲，在"家国一体"的观念下，很容易把家里人放在重要职位上。

此时的大清已经风雨飘摇，朝廷的铁路政策更激起民愤。铁路国有、铁路商办，政策朝令夕改让民众摸不着头脑，一笔笔铁路烂账触及几个省尤其是四川士绅的根本利益。四川总督赵尔丰贯彻载沣一味弹压的方针，制造出骇人听闻的"成都血案"，全川登时大乱，载沣没有改变政策，依然信任民愤极大的盛宣怀，命令端方率湖北新军入川平乱。同时，载沣还亲自检阅禁卫军，并准备进行永平大操，炫耀武力。

历史的时空留下太多遗憾，如果载沣主政时的很多政策能够顺应时势发展，实施起来不那么强硬，或许局面会有不同。载沣上台时，大部分臣民还是有所期待，以为这个年轻有为、私德甚佳的摄政王会是一代明王出世，会带领大清走向复兴。没有想到，私德代替不了公德，政治还是要看真正的施政能力和具体政策的执行，处理政务总是捉襟见肘的载沣不能深孚众望。乱局之下，换一个皇帝不一定带来局面的改变，期待一个好皇帝不如期待民众的觉醒，这恰好打破了中国人期盼明君出世的一贯思维。

武昌起义后的转向

武汉三镇被称为"九省通衢"，是全国的水陆交通枢纽，在地理格局中占有重要地位。这里是湖广总督的驻地，曾编练出成建制的新军。共进会和文学社曾深入新军宣传革命理想，群众基础雄厚。湖北新军被调拨入川，革命党人怕异地用兵，遭受损失，所以积极筹划武装起义。10月10日，武昌起义爆发，湖广总督瑞澂闻警即跑，全无封疆大吏的担当。11日上午，革命军占领武昌，随后两天光复汉阳和汉口。

武昌起义后，载沣命奕劻召集内阁会议，派陆军大臣荫昌督师前往湖北，并由海军提督萨镇冰率军舰赴援。荫昌仅在德国上过军事院校，只会纸上谈兵，与北洋军毫无渊源。北洋军"心中只有袁宫保"，不听指挥调遣，剿办一事被拖延。

武昌起义前，载沣也受到革命党人汪精卫的暗杀，对革命党采取异常坚决的态度，期于彻底清剿。但革命党越剿越多，革命形势虽然偶有低潮，但总体仍然呈现上升趋势。武汉三镇作为清政府的统治重心，竟然轻易被占领，而反叛主力竟是政府亲自编练的湖北新军，唯一能够扑灭革命烈火的北洋军又不服朝廷派遣，这不能不引起载沣的反思。以武昌起义为转折点，载沣的政治态度出现重大转变。

10月13日，载沣下令停止永平大操，政治手腕变得柔和许多。10月14日，奕劻向载沣提议启用袁世凯，得到那桐、徐世昌等人附和。奕劻认为袁世凯有气魄、有能力，北洋军又是其一手编练而成，如果命令其赴鄂剿办，则有胜算，否则迁延时日，后果不堪设想。对于又恨又畏的袁世凯，载沣本不愿提及，但是无奈形势比人强，皇族子弟大半是膏粱子弟，上不得战场，经不得战阵，只能默然接受。当天，清廷就谕令袁世凯为湖广总督，督办鄂省剿抚事宜。仅得到一个小小的湖广总督官衔，袁世凯不可能动心，以"足疾"未愈为由拒不赴任。载沣亦无可奈何，只能派徐世昌到河南彰德敦促袁世凯就任。袁世凯手中掌握军力，又有朝中重臣和外国使节支持，于是待价而沽，趁机向朝廷提出条件。大体包括："一、明年即开国会；二、组织责任内阁；三、宽容参与此事变的人；四、解除党禁；五、须委以指挥水陆各军及关于军队编制的全权；六、须与以十分充足的军费。"这些条件基本上否定了朝廷既往政策，还借此攫取最高政治权力，载沣自然无法答应。

在敦促袁世凯的同时，载沣也在督办各地剿抚事宜。10月19日，载沣又下一道诏书，明确指示四川和湖北的地方官员要谨慎用兵。胁从者宽大为怀，反正自首者不咎既往，愿意随军立功之人重赏，擒获匪首者一律重赏，如果得到"逆党"名单，则要就地销毁，以免株连。与以往"格杀勿论"的政策相比，载沣的政策出现明显转变。10月26日，载沣下令撤去邮传大臣盛宣怀的官职，并且宣布无罪释放保路运动中被捕的蒲殿俊等人。

起义风潮已经席卷全国，湖北、陕西、江西、山西、广东等地纷纷响应，革命已成星火燎原之势。各地告急电报纷纷汇集到载沣案头，如何应对时局考验着他的政治智慧。叛乱依然要靠武力解决，不得不用深孚众望的袁世凯。10月27日，载沣发布谕旨，袁世凯被任命为钦差大臣，获得支配平乱军队的全权，各省督抚必须全力配合，陆军部和军咨府不得干预。

乱世风云之下，军人干政的苗头开始出现，即使是北洋军也出现不安定因素。10月29日，驻扎在滦州的北洋六镇将领张绍曾、蓝天蔚等发动兵谏，电请朝廷立即实行宪政，并奏政纲十二条。其大要为：于本年内召集国会；改定宪法，由国会起草议决，由皇上宣布；国事犯一律特赦擢用；重组责任内阁，总理大臣由国会公举，皇族永远不得充任内阁总理及国务大臣；重组军队，由皇帝统率海陆军，但对内用兵，必须国会议决。

滦州兵谏对载沣触动很大，因为唯一能够平定南方革命军的就是北洋六镇，除此之外别无其他力量。听命于袁世凯的北洋军根本调拨不动，余下的北洋军再造反，尽在京畿地区，将直捣紫禁城，大清确实就离覆灭不远了。一时间，京师震动，人们惶惶不可终日。同一天，资政院奏请罢黜"亲贵内阁"，不再以亲贵充国务大臣，重组"完全责任"政府以维持危局，团结将散之人心，"以符合宪政而立国本"，要求将宪法提交他们"协赞"。资政院有一半民选议员，一直是立宪派重要阵地，借此革命形势趁机提出政策主张，很多京师官僚士绅表示赞成。

10月30日，看到政局已经向不可预知的方向发展，载沣连下四道诏书。其中，一道为取消皇族内阁，组织完全内阁，不再以亲贵充任国务大臣；一道为解除党禁，赦免戊戌以来一切政治犯；一道为同意将宪法交资政院协赞。

除了上述三道诏书，还有一道"罪己诏"，载沣借宣统皇帝之口向臣民展示了自己的真实心境。在诏书开头，载沣表明了施政的志向和奋斗的目标："朕缵承大统，于今三载。兢兢业业，期与士庶同登上理"。但是，因为一系列错误的用人施政，导致政局糜烂。罪己诏中提到："用人无方，施治寡术。政地多用亲贵，则显戾宪章；路事蒙于佥壬，则动违舆论。促行新治，而官绅或藉为纲利之图；更改旧制，而权豪或只为自便之计。民财之取已多，而未办一利民之事；司法之诏屡下，而实无一守法之人。驯致怨积于下而朕不知，祸迫于前而朕不觉。川乱首发，鄂乱继之。今则陕、湘警报迭闻，广、赣变端又见，区夏腾沸，人心动摇，九庙神灵，不安歆飨，无限蒸庶，涂炭可虞。此皆朕一人之咎也。"综合来看，这段罪己诏书不可谓不深刻，虽然批评权豪官绅之处很多，但总体还是属于个人反省。追究朝政败坏的原因，一方面是"用人无方，施治寡术"；另一方面则是因为高高在上的"不知""不觉"，归结起来还是载沣说自己才干能力无法胜任。

接下来，载沣表明了变革思路。即："兹特布告天下，誓与我国军民维新更始，实行宪政。凡法制之损益，利病之兴革，皆博采舆论，定其从违。以前旧制旧法有不合于宪法者，悉皆除罢。化除旗汉，屡奉先朝谕旨，务即实行。鄂湘乱事，虽涉军队，实由瑞澂等乖于抚驭，激变弃军，与无端构乱者不同。朕维自咎用瑞澂之不宜，军民何罪，果能幡然归正，决不追究既往。"并且再次提出召唤，以期民众合心，共渡难关。"朕以眇眇之躬，立于臣民之上，祸变至此，几使列圣之伟烈贻谋颠坠于地，悼心失图，悔其何及。尚赖国民扶持，军人翼戴，期纳我亿兆生灵之幸福，而巩我万世一系之皇基。使宪政成立，因乱而图存，转危而为安，端恃全国军民之忠诚，朕实嘉赖于无穷。此时财政、外交困难已极，我君民同心一德，犹惧颠危，倘我人民不顾大局，轻听匪徒煽惑，致酿滔天之祸，我中国前途更复何堪设想。朕深忧极虑，夙夜旁皇，惟望天下臣民共喻此意。将此通谕知之。钦此。"

从古到今，罪己诏并不多见，以汉代为多，元明清以来少之又少。帝王君主承认个人施政有误，决定改弦更张，善莫大焉，正所谓亡羊补牢，期望犹未晚也。载沣发出的罪己诏，虽然有一般程式的虚套，但从整个罪己诏来看，痛彻思痛之余，弥漫着一种哀伤和悲痛色彩，不能不让人产生怜悯之情。但这个诏书并没有起到多少实际作用，只留下载沣当时的心迹。他后来曾反思说，在那个危急时刻，本应冷静面对现实，采取切实有效措施以图挽回大局于万一，然而他的诏书却流于一纸空文。因为他当时已经陷入深沉的失望之中，缺乏积极应付事变的计划和扭转局面的信心与能力。其实这种反思也是一种见解而已，更多的是源自对当时没有处理好危机的一种遗憾心理，并不完全符合当时实际。因为大厦将倾，绝非一纸诏书就可以弥平纷争，载沣的反思已经太迟。控制局面的主动权已经不在载沣手里，帝国权力也在向外转移。

在发布罪己诏的同时，载沣还请求隆裕太后发内帑赈济遭受兵灾的难民，下诏给各军事将领，禁止侵扰百姓，释放曾经刺杀自己的汪精卫等人，并发给川资，令两广总督张鸣岐量才使用，以前因言获罪的言官赵炳霖也被启用。更重要的是，载沣还任命张謇、汤寿潜、谭廷闿等人为宣慰使，分赴各地。但是，这些政策并没有收到多少实际效果，宣慰使们或者分量不足，或者阴怀异志，或者拒不赴任，或者一跑了之，宣慰一事无从施行。

袁世凯出山后立刻进行军事部署，把北洋得力干将调往湖北。冯国璋督师武汉战事，一场大战下来，攻占汉口，挫伤革命军气势。同时，与革命军的和谈也在多种渠道进行，部分官僚士绅也在为袁世凯造声势，大有非袁氏不能收拾残局的声势。乱世之奸雄和治世之能臣的本色在袁世凯身上显露无遗，政治重心迅速向他倾斜。

下达罪己诏的第三天，也就是 11 月 3 日，载沣批准了经资政院润色一番的《宪法重大信条十九条》。载沣依据此条款，通过无记名投票，选举袁世凯为内阁总理大臣，载沣予以批准。袁世凯接到上谕后心花怒放，但表面上还是连番推辞，载沣无奈只得把这场政治大戏演下去，发布谕旨令袁世凯勉为其难，以公忠体国的诚心接任内阁总理大臣。11月16日，袁世凯终于不再推辞，提出新的内阁名单，除少数非关键衙门延用一二大臣，其余全部换成北洋系人马和袁世凯交好的臣僚，各部另设副大臣。载沣对于这种任命，只能接受。几年前，载沣以莫须有的"足疾"把袁世凯一撸到底，赶回老家，很多小站旧人也被排挤出权力核心。现在政敌上台，自己的政治命运却操纵在政敌之手，此情此景难免让人唏嘘感叹。

11月22日，袁世凯当面奏请停止奏事入对，称除按照内阁官制召见国务大臣，其余召见官员的行为均应暂时停止；总理大臣遇有事情可奉诏入对，并可随时自请入对，但不必每日入对；内外奏折按照旧例均需呈递内阁，由内阁拟制进呈等。载沣无奈只能应承，从此堂堂的监国摄政王便被割断了同国务大臣、各部大臣和各省督抚的联系，权力被装进笼子里。

载沣就这样又过了一些时日，依然"施治寡术"，而袁世凯的权力和声望则日渐增长。以能力而言，载沣实在无法与袁世凯相比；以机遇而言，属于载沣的也是明日黄花。外有纷争祸乱，内有内阁掣肘，究竟何去何从，是摆在载沣面前的一道难题。贪恋有名无实的政治权位，只会带来更大危险，而顺势而为的全身而退，终究不失一代政治领袖的英名。载沣逐渐有了退回藩邸的想法，隆裕太后也表示支持。当然，隆裕太后一直与载沣有矛盾，重演慈禧太后式的垂帘听政也是其政治企图之一。

12月6日，隆裕太后发布一道懿旨，里面有载沣退位的自我陈述。"自摄政以来，于今三载。用人行政，多拂舆情。立宪徒托空言，弊蠹因而丛积。驯致人心瓦解，国势土崩。以一人措施失当，而令全国生灵横罹惨祸。痛心疾首，追悔已迟。倘再拥护大权，不思退避，既失国民之信用，则虽摄行国政，诏令已鲜效力，政治安望改良。泣请辞退监国摄政王之位，不再干预政事。"相对于罪己诏，载沣此次面奏没有丝毫推卸责任的意思，而是坦然承认自己的失误，并承担造成的后果。

对于载沣个人性情和施政原因，隆裕太后给予了简明的概述，"监国摄政王性情宽厚，谨慎小心。虽求治綦殷，而济变乏术。以至受人蒙蔽，贻害群生。自应俯如所请。准退监国摄政王之位。所钤监国摄政王章，著即缴销。仍以醇亲王退归藩邸，不再预政。著赏给岁俸银五万两，由皇室经费项下支出。"也算给载沣保留住了最后一点体面和尊荣。

载沣的政治品质

载沣辞去了监国摄政王职位，退回醇亲王府的藩邸。据溥仪《我的前半生》回忆，载沣递交辞呈获准，回到家里对家人说："从此就好了，我也可以回家抱孩子了。"是否真是如此呢？我想传言在疑似之间，未必是真。载沣固然有些保守，并不似一般政治人物那般热衷于权力，但是身为爱新觉罗家族的代言人，子嗣又是真命天子，维护八旗弟子尤其是爱新觉罗家族的荣光是分内之事。载沣还是有政治家的考量和胸襟，不一定真如传言中的不堪，像一个没有见过世面、一味躲避政治纷扰的市井凡俗和僻壤村夫。

退回藩邸并不意味着载沣彻底摆脱政治。针对朝政大事，尤其是南北和谈和清室优待条例等，载沣有发言权甚至部分决定权。监国摄政王的头衔被撤去，载沣依然是醇亲王，依然是宗室亲贵中最为显赫的一位，并在隆裕太后召开的御前会议上名列前位。

宗室亲贵多次聚集在醇亲王府商量对策，"宗社党"也在那里密谋多次，隆裕太后曾召集多次御前会议，商量对策。据公开的文字记载，载沣发言不多，这多半源于其不善言辞，对于什么事情都少言寡语。但是，言语很少不代表内心没有坚守和原则，载沣还是有基本的政治节操的。

载沣并不想"满清入关统治自摄政王始，自摄政王终"，让祖宗基业毁于己手。无奈政治形势变化太快，武昌起义后，整个革命形势像高山滚石一样无法遏制。袁世凯的复出又使得局面为之再变，最高权力逐渐转移到其手，满洲亲贵几无反手之力。险恶的政治形势不容乐观，而可以抓住的机会又稍纵即逝。

对于清帝退位，载沣当然不赞同，其弟载涛曾多次讲过。但是，政治地位终究要靠实力决定，个人意愿倒是其次。中华大地已经糜烂不堪，究竟谁之错，又是谁之过，长夜孤灯中载沣也有反省。本属中才之人，又是忠厚之人，既然因为施政无方已经贻误天下苍生，又怎么能不识时务，阻碍历史的车轮向前行进？

载沣上台时，还是意欲有一番政治作为，但是重用满洲亲贵，用人行政多有失误，以致局面无法收拾。举国之内，共和宪政响彻云霄，南北和谈又逐渐达成协议。清室退出中央政治舞台，仅保留一个名义上的小朝廷成为南北共识。

载沣当然不能再带领满洲亲贵负隅顽抗。同隆裕太后一起，以一个王朝的退出换来勉强的五族共和，避免国家再次陷入一场内战，避免满蒙贵族陷入万劫不复之地，这是载沣个人的考量，也是对国家民族负责任的表现。民国成立后，孙中山曾专程拜访载沣，言其有功于国家，有功于民族，政治品格值得夸赞和学习。

后人可以说载沣胸无大志，腹无大才，政治才能不过尔尔，这并不差；另一方面，也应该看到载沣识大体，明大局，务实谨慎，敦厚诚恳，主动退位让贤，这在历任政治领袖中实属难得。战争已经让中国经历一次次创伤，中国人的血已经流得太多，宪政之路终究要在变革中摸索前行。今天在回首前尘往事时，不妨给予载沣之类的政治人物一点掌声，一点赞叹。

1890 年代中国维新变法运动

撰文：理查德·C·霍华德（Richard C. Howard）
翻译：张舒

　　我们这些学习过中国近代史的人，很多是在以"百日维新"或"戊戌变法"为题的章节中，最初了解到十九世纪晚期的维新变法运动的。这些作品把我们的关注点引向一群缺乏政治经验的理想主义者，他们设计了一系列改革方案，希望依靠冥顽不化的统治阶级和无动于衷的平民百姓，把倾圮的帝国从外国列强步步紧逼的瓜分蚕食中解救出来。这种标准化描述的着重点在于 1898 年的戊戌变法运动，以及它对中国政治历史的重要影响。然而，在过去的二十年间，学术界对维新派的兴趣点发生了转变——从关注他们在 1898 年的变法活动本身，转向一种更加总体性的、对他们在思想上的继承和改革方案的意识形态内容上的思考。[1] 沿着这条思路进行的研究把戊戌变法放在了一个更宽广的历史视角中——因为一个运动达到巅峰往往需要超过十年的形成时间。学术界这种新近的趋势反映在本次专题研讨的四个论文里。从单篇文章和整体上来看，这

---

[1]　理查德·C·霍华德是康奈尔大学"华生中国收藏"的负责人。这个专题研讨的四篇论文最早是 1968 年 3 月 23 日在费城举办的第 20 届美国亚洲研究协会年会上，由清代研究学会联合资助的专题文章。举例而言，小野川秀美，"晚清变法论著研究"，《东方学报》（京都），第 20 期（1951.3），153—84。

些论文证实了早先研究的观点，即维新派的目标最好放在晚清文人的改革运动中加以理解，1890 这十年间的运动呈现出不同于以往的典型特征。

1890 年代的维新变法运动，很大程度上是通过它与早先的洋务运动和清政府随后推行的庚子后新政的区别来加以界定的。面对西方更强大的军事实力带给帝国的威胁，洋务运动的倡导者出于爱国主义考虑，赞成有限度地采取西方之"长技"——武器、技术和科学；此外，早在 1860 年就有人提倡对科举考试系统进行变革。但是他们效法西方的举措基于一个前提，那就是传统的意识形态和政治体制必须维持不变；截至 1890 年，洋务运动已惨淡经营，与沿袭下来的旧体制达成了无可补救的妥协。赞成洋务运动的文人官员努力在既有的官僚通路中实现他们的目标，而维新派不同，他们很大程度是在行政系统以外努力，希望制造出充分的压力，自下而上地改变官僚体制的本质。他们对洋务运动迟缓的改革进展感到不满，并且深为中国在外国列强压力下的软弱感到震惊，维新派愈发坚信，如果中国想要在这个由强势且好战的民族组成的世界中存活下来，除了像这些威胁到它独立存在的列强一样选择一条民族国家的道路，并且推倒重建帝国的政治制度，除此之外别无选择。

维新派在 1890 年代传播的变法思想无疑影响到了 1900 年后的"晚清改革"；在义和团起义之后，很多维新派的变法建议确为清政府采纳并落实。然而，1900 年早期清政府推动的改革不应被视为 1890 年代的维新变法运动的延续，而是应该从更长远的角度，看作是洋务运动的重新开始。此外，满清政府采取的行动，以及它对于立宪需求迟到的认识，主要是出于自保的考虑——出于延续它自身皇家特权的愿望。从另一方面，维新变法运动的构思者大多是现任政府"利益集团"之外的人士，或者说边缘人士，他们更关心中国自身的命运，而不是这个王朝以及它的行政机构的命运。他们思想中随处可辨的爱国主义，以及受到情感的驱使想要把这个国家改造成一个可长存的现代国家的强烈愿望——这些都是早期民族主义的迹象——是 1890 年代维新变法运动对二十世纪历史做出的最杰出的贡献。

1890 年代的维新变法运动可以分为两个阶段。最初阶段——从 1890 到 1894 年——是思想革新的时期。这一阶段主要以几部变法主题书籍的问世为标志，这些书涉及农业、工商业、国防、教育、考试和行政系统[1]，大多是在为变法运动提供制度改革的具体方案。从某种角度上说，这些作品是对文人传统的延续，这一传统肇始于1880年代，最早体现在冯桂芬和王韬的思想中。尽管维新运动矢志不渝地维护中国道德和文人传统的至高地位，但是1890年早期的变法论稿表明，传统文化里"中国中心论"的世界秩序论调正在逐步弱化；一种全新的观念应运而生——中国作为一个现代国家，应该更富裕，更强大，并且能在国际较量的世界中获得立足之地。[2]此外，这些作品反映出早期维新派对于阻碍中国获得这种新地位的根本因素的思考，特别是科举制度未能给政府部门遴选出最合适的人才，等级制的社会隔阂阻挡了君臣之间思想和情感的交流。[3]1890年早期维新派文人的共同之处在于，他们作品中和他们在强调经济发展时的人文主义论调。不过，他们最鲜明的革新之处在于相信西方的代表制立法机构或议会制能够解决分隔君臣的藩篱。[4]他们看到议会制在遴选和集中治国之士上的可行性，能让统治者和被统治者的联系更紧密及有规律，维护民族团结，构建一个强大统一的国家。

　　早期维新派著书进言的时间是中国历史上一段相对平静的时期。他们处于一种远离政治现实、无法真正左右帝国行政事务的文人氛围中。1895年中国

---

[1]　这些作品中最有名的是汤震的《危言》(1890)，郑观应的《盛世危言》(1893)，陈虬的《治平通议》(1893)，陈炽的《庸书》(1894)。这些作品和作者在小野川秀美的作品中都有论及，156-74；萧公权的作品中也有简要论述，"翁同龢与戊戌维新"，发表于《清华学报》，第2期 (1957.4)，150-52及222-24（评论见253-64）；最近的作品是易劳逸 (Lloyd E. Eastman) 的，"中日战争之前中国的政治改良主义"，《亚洲研究》，27期 (1968.8)，695-710。

[2]　探讨冯桂芬、王韬和康有为与中国原型民族主义之间关系这个角度的文章可以参考1967年3月在芝加哥举办的美国亚洲研究协会年会中关于十九世纪中国的民族主义思想的专题讨论，由清代研究学会联合资助。其中的一篇论文：柯文 (Paul A. Cohen)，"王韬和早期中国民族主义"，《亚洲研究》，26期 (1967.8)，559-74。

[3]　关于交流隔阂的思考经常以"通民情""达上下之情"此类短语表述。举例而言，这类短语出现在《盛世危言》(1900年重版)，第一卷，《议院》篇；《治平通议》，第三卷，《救世要议》；《庸书》(第二版，1897)，《内篇》。也许最早在变法的现代语境下使用这一短语的是王韬，他在《弢园文录外编》中提及过（香港：1883）第一卷《重民：下》。

[4]　小野川秀美，pp.156-74；易劳逸，pp.701-05。即便是在1890年代之前，王韬的著作中也是以赞许的口吻描述西方议会系统的，《弢园文录外编》，第一卷《重民：下》。参考柯文，p.567。也许最早向中国推荐"议院"一词的作者是郑观应，在他的《易言》中（前言1875，出版于1880)，下卷《论议政》。这部作品中的许多变法思想后来以更加详尽的形式出现在他的《盛世危言》中。

耻辱地惨败于日本标志了这一时期的终结，同时标志着维新变法运动进入到一个全新的、政治上更加活跃的阶段。军事和外交上的失利孕育出一群新的维新派，其代表人物是康有为和梁启超——他们是深入思考过伦常和社会价值的学人。晚期的维新派被不断增加的危机感驱使，已经不仅仅停留于从制度化改革的层面应对实践上的问题。康有为等人不满足于仅在私下印刷的文章中讨论变法观念，而是进一步把这些观念组织成有序的行动，将它们展示给朝堂和地方上的高级官员，甚至呈献给皇帝本人。在为变法的理由申辩时，他们放弃了1890早期维新派苍白的书面辩护，而是由康有为主导，进行勇敢且彻底的据理力争：这种制度上的变革来源于儒家学说的核心，是孔子自己从公羊学派深奥的学说中概括出来的，它是一个世界历史性进程的必然结果。在实施改革的尝试中，以康有为为核心的维新派遇到了不可阻挡的障碍——皇家朝廷和根深蒂固的官僚阶级在现存的行政构架和官方的儒家意识形态中都是既得利益者。为了对抗统治阶级的反对和冷漠，赢得他们对于制度改革的支持，维新派发动了大规模的宣传攻势，为此他们引入了新的手段，比如维新社团，或者"学会"，还有大量的维新刊物。他们通过政治游说的刊物，致力于把维新观念变成政府的实际行动——这或许是维新运动在它的下一阶段，即 1895 到 1898 年间最显著的特征。

尽管在侧重和方法上有所不同，却不难发现 1890 年代早期和后期的维新派是同一场历史运动的参与者。他们分享着共同的中国图景——一个强大的现代国家，还有相似的（如果说不是完全一样）制度改革，作为通向这一目的的方式。对这些维新派来说，或许没有谁比郑观应和梁启超更适合作为前期和后期的代表。郑观应——郝延平论文的主题——可能是早期 1890 年代维新作家中最具影响力的一个。作为通商口岸的买办，郑观应在几十年间和英国商人及其传教士交流甚密，从这里他了解到一系列关于西方制度和实践的知识，在当年他的国人中无人可及。他非常了解中国相较于外国列强的劣势所在，在他最著名的作品《盛世危言》一书中，他推荐了大量增强国力的改革方案；更具特殊意义的是他关于采纳西方议会制度的细致建议。尽管他对变法的兴趣涉及的问题非常宽泛，但他对西方冲击的整体回应，正如郝先生指出的，很大程度上受到他买办经历的影响。所以说，作为中国最早的一批企业家之一，并且掌握着全面的英国事务的知识，郑观应可能已经意识到商人阶层在英国议会政府的决策中能够发出多大的声音；他或许也相信，中国的议会制度同样会让中国自身的从商阶层在他自己国家的政府中发出更大的声音。仅从商业和相关的经济领域而言，郑观应是最有资格提出具体变法建议的人。他从做买办的长期职业生涯中可以感知到，威胁到中国独立自主的不仅是西方军事的优越性，还有西方商业的扩张。毫无疑问，正是这种洞察力推动着他，为中国的工商业发展提出具体的策略——用郝先生的话来说，他是那种工商业爱国主义人士——设计这些策略是为了让他的国家在国际商业竞技场中获得一个强大且独立的位置。

郑观应的变法著作标志着它与正统儒家的分道扬镳；考虑到他商人的社会身份和长时间与西方思想的接触，这倒不令人惊讶。比较难以解释的是，为什么比他年轻的同时代人梁启超——他对西方的认识更加浅显，而且在儒家传统中浸润更深——和这一传统的决裂更加彻底。张灏在他关于梁启超的研究中，着眼于出现这种改变背后复杂的文人机制，特别关注梁启超从经国济世和自我教化的儒家人格理想，到人民主权和民族团结这种民族国家价值观的转变。梁启超对中国政治国家观念的理解和他对国家与社会中的个体的态度表明，他从中国文人传统和道德传统中日渐抽离，造成这种远离的原因和郑观应及上一代中国维新派在他们自身思想形成时期的文人环境不同，它受到的影响不是来源于当下，也没有那么显著。在这些影响中有康有为和谭嗣同的普世主义，公羊学派的"三世"历史发展理论，马肯锡的《十九世纪》的历史进程观念，还有严复翻译的赫胥黎的社会达尔文主义。所以说，虽然梁启超关于中国政治国家的观点和郑观应对西方议会制度的赞赏态度相一致，但他对代表制政府的观点来源于新的影响。对梁启超而言，政治制度的发展很大一部分是必然发生的世界性进程，它的最终阶段是无政府主义民主制，那时人们无需任何统治者就可以管理他们自己。地理、文化及其他因素都会决定通向这一目标的前进速度，有些区域快一些，比如西欧和美国；其他区域慢一些，比如亚洲和非洲。梁启超认为，十九世纪末期的中国正处于君主立宪制这种过渡阶段的开端，与其说抵抗不可避免的趋势，倒不如自身做好准备迎接君民同治的阶段。[1]

作为知名上海刊物《时务报》的主编和主笔，梁启超被认为是变法运动最重要的鼓吹者。在上海取得成功后，1897 年他离沪赴湘，加入到湖南开明官员和学者的群体中，成为当地维新运动的先锋人物——这是查尔顿·刘易斯论文的主题。维新变法运动在 1897 至 1898 年达到它的顶峰，湖南成为运动在国内的两个重要阵地之一，另一个是帝国的京城。这两个阵地的维新派在战略和战术上有明显的区别：在北京，康有为等人设计了一套国家层面的变法方案，从帝国行政机构的顶层进行协调和指导；作为变法必要的开端，他们上书皇帝征求建议，并由皇帝颁布变法政令，在全国整齐划一地推行这套方案。然而，湖南的维新派倾向于认为中央政府不能长期贯彻改革方案；他们希望借助当地和省级层面的改革，把湖南打造成一个展示性的窗口，给国内其他的区域以启发，并且依靠它在变法上的领导力，让这个省份在救亡图强方面起到决定性的作用。为了实现这一目标，湖南维新派充分利用一切可用的宣传手段：在长沙他们创办了全国领先的维新刊物；首先在省城，接下来在几个县创办了"学会"；在这些教授时务的新式学堂里，梁启超和他的同事们给青年学子们灌输维新学说。这些传播途径变得越发有效，他们传播的观念在论调上越发激进。在当地的维新文章中，"人民权利"之类的论调出现得愈发频繁，还有提议要将不断增长的"学会"进一步转型为当地的"议会"，在这里人们可以参与到政府官员和本地显贵的决策中。[2] 不过就像刘易斯强调的那样，维新派对于既有政治和社会结构的攻击日渐猛烈，这也激起了一些湖南权贵阶层的同样激烈的回应。当地显贵不仅发起了当地的洋务运动，同时还给湖南早期阶段的维新运动提供过支持和鼓励，不过也正是同一群人，在他们发现自己对当地事务的控制受到维新派制度变革运动的威胁时，发起并镇压了变法运动。尽管湖南的维新派主要是在本省和地方层面上关注改革，但他们的最终目标和北京及任何地方的维新派都是一样的——那就是建设一个强大的现代国家，在国际竞争的世界中保持

---

[1] 梁启超，《论君政民政相嬗之理》，《时务报》，第 41 期（1897.10.6）；同样见《饮冰室文集》，卷 2。
[2] 见谭嗣同：《壮飞楼治事十篇》，《谭嗣同全集》（中华书局 1954 版），第 94—95 页；从长沙《湘报》中的文摘，引自邓潭洲：《十九世纪末湖南的维新运动》，《历史研究》第 1 期（1959），第 31—32 页。

中国的独立性。在十九世纪晚期的中国，有三种不同的外交政策的路径：灵活且务实的"主流路径"，这是大多数高层官员本人处理外交事务的方式，他们试图通过和平的方式掌控在华的外国人；"好战的保守派"路径，1870 至 80 年代的清议之士经常表达这样的观点，他们为了捍卫中国儒家传统的纯洁性，支持在武力上对抗外国；还有维新派的路径，他们深受西方国际法观念的影响，认为中国外交政策的目标是为了提升它的国家权威。在区分这三种路径时，石约翰的论文指出，在清议保守之士和维新人士之间存在着明显的意识形态的亲缘性，甚至还有紧密的人际关系。尽管很难寻找到这种关联的证据，但它很有启发性，并值得进一步研究——可以考察康有为在北京 1888 年筹备第一次上书光绪帝，以及 1895 年组织第一个"学会"强学会时结交的朋友。[1] 不过在清议保守人士和维新派之间存在着根本性的区别，主要集中在维新派对于"国

[1] "清议"之士,特别是 1870 和 1880 年代早期名噪一时的"清流派",参见郝延平的文章,"清流党研究：不问政事的文人官僚群体，1875-1884"，《中国研究论文集》（剑桥，麻省：哈佛大学出版社，东亚研究中心，1962），16，pp.40-65；参见易劳逸，"清议和十九世纪中国政策的形成"，《亚洲研究》，24 期（1965.8），595-611。上述作品中未涉及的清流派名单可参见张孝若的《南通张季直先生传记：附年谱年表》（上海：1931）。从这些资源中可以发现清流人士包括张之洞、张佩纶、陈宝琛、黄体芳，同时还有宝廷、邓承修、吴大澂。一些当代学者认为李鸿藻即便不是这个派别的领袖，也是其中的主要参与者。郝延平（p42）还谈到了湖北籍的御史官屠仁守、洪良品等人，他们的观点和清流派非常相近。除了上述主要的清流派人物以外，张孝若同样还列出了"清流派之友"，其中有盛昱、梁鼎芬、黄绍箕（黄体芳之子）、文廷式等人。这些"清流派之友"在论证清议官员和康有为之间存在个人联系的问题上有非常特殊的重要性。康有为和同为广东人的梁鼎芬自 1880 年代初期相熟，参见穗石闲人《读梁节庵太史〈驳叛犯逆书〉书后》，《戊戌变法》，第二卷，634-35。康有为很可能是通过身居要职的梁鼎芬在北京和黄绍箕等人结交为友。后者支持康有为 1898 年向皇帝上书。参考罗荣邦，《康有为：传记和专题研究》（图森：1967），p.46。1888 至 1889 年，康有为在北京和湖北籍的御史屠仁守、洪良品也有联系。参考罗荣邦，pp47-50。康有为大多数的旧交，以及其他清流派成员和他们的"友人"在 1895 年多为强学会的成员出现。这个社团的北京分部有文廷式等人，张之洞提供资金支持，李鸿藻作为一位支持者也有提及。在强学会上海分部的名单中，有张之洞、陈宝琛、黄体芳，清流派早期最重要的三个核心成员都在其中；此外还有黄绍箕、梁鼎芬、屠仁守。关于强学会成员的研究，参见《强学会志》，《万国公报》第七卷，83 期（1895.12）；内藤戊申，《强学会记事》，《东洋史研究》，XIX，4（1961.3），47-48；汤志钧，《戊戌变法人物传稿》（北京：1961），pp.339-43。当代文献同样表明在清流派和 1895 年的维新社团之间存在的紧密关联。在一封落款日期为 1896 年 3 月 11 日写给老师的信中，谭嗣同写道："强学会之禁也，乃合肥姻家杨莘伯御史所劾，知高阳必袒护清流，乘其赴普陀峪始上疏。"《谭嗣同全集》，p331。另外还有关联表明，在清流党人和康有为及维新派之间的融洽关系。1880 年代中期，康有为是清流党人之一邓承修（同样也是个广东人）的仰慕者。参见康有为，《延香老屋诗集》，《南海先生诗集》（康有为诗选集）（横滨：1911），第一章。邓承修同样对康有为表现出高度尊重。在 1891 年他去世之前，他要求他的学生欧榘甲拜康有为为师，并将康有为描绘成广东籍学者中在治国和文笔上最杰出的人士。参见李少陵，《欧榘甲先生传》（台北：1960），第 8 页。

家主权"的强调，因为它其一关乎中国国内的推动实现领土、经济以及文化完整性的变法政策，其二关乎中国与其他国家的外部关系。在外交事务上，湖南和北京的维新派都希望能与英国和日本缔结联盟。他们或许认为这一举措无非是战术上的权宜之策，保护中国免于被列强瓜分的威胁，但是维新派意欲与英国和日本正式结盟的选择同样显示出维新变法运动在国内和外交政策方面的关联是多么紧密。除了实践上的动机之外，维新派被英国和日本吸引还有意识形态上的思考。他们在英国议会系统中看到一种完美地适应于中国现代化国家的制度；而刚刚进行现代化的日本让他们深受鼓舞，维新派甚至认为日本是他们努力要将帝国转型成为的强大主权国家的典范。[1]

我们从定义和关注点这两个方面，将1890年代的维新变法运动描述成为一个独立且特征鲜明的历史事件；从这个角度，几篇文章每一篇都在以自己的方式，加深着我们对这一运动的理解。从一个更大的历史语境来看，1890年代的维新运动是一直延伸到二十世纪的更大的知识分子及政治运动的一个阶段；从这个角度来看，这几篇文章可以看作是一个整体性的研究成果，它们或许可以引发更多对于某些特定主题的关注，这些主题对于我们理解中国现代历史至关重要。中国民族主义的兴起，表达出强烈的民族团结和坚持外国对中国主权认同的愿望；对于传统深远的意识形态和制度的越发的不满，以及将个人和社会从过去的枷锁中解放出来的期盼；对于人民主权以及对代表制政府制度的日益增长的需求；最后，希冀一种新的新闻学和新的政治结构，作为实现这些理想和志向的方法——这些都是1890年代确立的主题，维新派认为这些问题在世纪之交以后会越发重要，这些问题能够吸引热切关心国家命运的年轻的立宪主义和革命者，召唤他们通过知识分子的觉醒和有组织的政治行动为中国的转型做贡献。

---

[1] 理查德·C·霍华德，"日本在康有为改革方案中的地位"，参见罗荣邦，第280—312页。

尚武思潮与晚清军事近代化

撰文：费志杰

中国自古就有尚武传统，在中国社会的发展和演进过程中发挥过积极作用。一百多年前的近代国人不满专制的腐朽无能和西方列强的恣意侵略，纷纷发出尚武的呐喊："尚武者，国民之元气，国家所恃以成立，而文明所赖以维持者也"[1]。"强权之世，非尚武不足以立国"[2]。"尚力尚武之声……日不绝于忧者之口也"[3]。作为清末众多进步思潮的一种，尚武思潮要求培养国民的尚武精神，实行全民皆兵，达成军事救国的目的，表现了中国人不甘屈服、勇于抗争、自强不息的民族精神。从一定意义上说，军队应该是尚武精神的最主要体现者。然而，晚清的经制八旗和绿营兵却由于承平日久，早已形同枯木，国内外敌人面前，一败再败。甲午战时，"中国军政废弛，匪伊朝夕。其弊端之尤著者，在于营制不一，操法不齐，器械参差，号令岐异。为将者不习谋略，为兵者半属惰游。平时而心志不浮，临阵而臂指不相使，聚同乌合、散如瓦解"[4]。人们

---

[1] 梁启超：《新民说·论尚武》，沈阳：辽宁人民出版社 1994 年版，第 147 页。

[2] 《中国军人教育之现象》，《东方杂志》第 10 期，1904 年 12 月。

[3] 蒋智由：《中国之武士道》序，梁启超《饮冰室合集》专集 6，北京：中华书局 1986 年版。

[4] 袁世凯：《军政司试办章程折》，1902 年。

在痛恨军队柔弱可欺的同时，纷纷呼吁"练兵以强天下之势"。在尚武思潮的激荡中，晚清军队从形象到内涵，从薪金待遇到练兵之法，终于弃旧从新，由过去的"兵卒不啻奴隶"[1]到"爱国主义和民族主义的象征"[2]。

受近代特殊社会现实的刺激和欧风美雨的影响，尚武思潮在由低到高的发展演变过程中，与中国军事近代化相呼应，起到了巨大的推动作用。从鸦片战争开始国人受到船坚炮利的刺激，一部分先进的国人发出"师夷长技以制夷"的号召，尚武思潮开始兴起，军事近代化也初露端倪；甲午战后，人们大声呼吁改变"重文轻武"旧传统，"养成尚武精神，实行民族主义"，军事近代化终于从购造器物走向制度革新；中华民国成立之后，军阀横行的社会现实促使人们对尚武思潮进行了反思，军事近代化经历曲折发展，朝革命军队迈出了重要一步。关于尚武思潮与军事近代化的关系，学界探讨不多，汪晴在《晚清军事近代化进程及影响探析》一文中提及军事近代化造成的尚武精神异化[3]。皮明勇在《中国传统军事文化观念与军事近代化刍论》中谈到甲午战后尚武思潮对中国近代军事文化观念的部分否定和更新[4]。舒健在《晚清的尚武强军思潮》中强调尚武强军思潮对晚清军事变革有正负两方面的作用[5]。既有成果主要关注民初军阀混战时的尚武思潮之异化，关于近代尚武思潮对军事近代化的推动作用缺乏深入考察。本文着眼军人地位、军人近代思想、军队战斗力、理性尚武精神等角度，试图深入分析尚武思潮与军事近代化之关系。

一、军人地位的提高

传统中国社会在以儒学为正统的时期，治理国家依靠的是文人而不是武夫，一个朝代的政权一旦稳定下来，军人便沦为社会最底层。"战国策派"著

[1] 夏晓虹编：《梁启超文选》（上），北京：中国广播电视出版社 1992 年版，第 159 页。
[2] [美]兰比尔·沃拉：《中国：前现代化的阵痛——1800 年至今的历史回顾》，沈阳：辽宁人民出版社 1989 年版，第 150 页。
[3] 汪晴：《晚清军事近代化进程及影响探析》，《中北大学学报》（社会科学版）2014 年第 4 期。
[4] 皮明勇：《中国传统军事文化观念与军事近代化刍论》，《齐鲁学刊》1995 年第 2 期。
[5] 舒健：《晚清的尚武强军思潮》，《中国青年报》2011 年 4 月 8 日。

名人物雷海宗认为秦汉之后的中国社会属于"无兵的文化"[1]。梁漱溟指出:"所谓无兵者,不是没有兵,是指在此社会中无其确当安排之谓"[2]。鸦片战争前后,"壮健之士,力足以谋朝夕者不愿入伍,独游手偷惰之卒隶名其中,名著于籍而兵缺于伍者又不可胜数"[3]。兵员亏缺、素质低下是晚清军队战斗力一度衰落的重要因素。近代中国患难日深,一群既被社会鄙视又自暴自弃的官兵是不可能勇敢无敌的。在尚武思潮的鼓荡下,晚清政府通过改善待遇、提高品级、寓征于募等方式,大大改变了重文轻武的习俗积淀,唤醒了清军官兵的民族精神和社会主人翁意识,极大改变了中国近代军队面貌。

(一)改善官兵待遇

军人的经济状况往往可以直接反映出军人地位的高低,时人认识到,"中国则至贱者,兵也。其出征也,非如日本之有军人援助会也;其死也,非如日本之有勋号年金也;其伤也,非如日本之有廪给终身也。……孰谓日本之武勇,非因政策而养成者乎?中国之不武勇,非因政策而消失者乎?"[4]只有改变旧军队"将俸极薄,兵饷极微,伤废无养其终身之文,死亡无恤其家之典"[5]的窘况,才有人愿意从军报国。不过,晚清军人的经济收入经历了多次变迁,太平天国革命爆发之后,湘淮军等勇营部队取代绿营八旗成为清军主力,勇营部队月饷曾一度达到了绿营兵平时饷银的 1 到 3 倍。直到 1904 年练兵处会同兵部奏准的新军统一饷章正式颁行,标志着清末新军的饷章制度经过大幅改革并走上了正轨。

---

[1] 雷海宗:《中国文化与中国的兵》,北京:商务印书馆 2001 年版,第 102 页。

[2] 《梁漱溟学术论著自选集》,北京:北京师范学院出版社 1992 年版,第 329 页。

[3] 刘蓉:《养晦堂诗文集》(卷 8),清光绪年间刻本,第 31 页。

[4] 思黄:《论中国宜改创民主政体》,《民报》第 1 号,1905 年 10 月。

[5] 梁启超:《变法通议》,《梁启超选集》,上海:上海人民出版社 1984 年版,第 11 页。

表一：绿营、新军、北洋海军军官与清末文官年法定收入比较（1904 年）

（单位：两）

绿营	北洋海军	新军	文官
提督 2605.68	提督 3360	镇统 12000	按察使 3800
总兵 2011.65	总兵 1584	协统 6000	道员 2242
副将 1177.44	副将 1296	标统 4800	知府 1531
参将 743.28	参将 1056	管带 2880	知州 773
游击 631.32	游击 960	队官 720	知县 740

（资料来源：皮明勇：《晚清军人的经济状况初探》（《近代史研究》1995 年第 1 期）、《关注与超越——中国近代军事变革论》第 93—94 页；罗尔纲：《绿营兵志》第 341—344 页；高锐：《中国军事史略》（下）第 101 页。）

清廷编练新军时认识到"旧制营员薪资无多，而额外所入辄至倍蓰。兹值整饬营伍，必须从优厘定，以资养廉"[1]。从表中可以看出，新军一队官与文官知县的实际法定收入相差无几，管带的收入大大超过知州、知府与道员，标统的收入甚至远远超过同为正三品的按察使。清朝传统的武官对文官法定收入的逆差已经彻底改变为顺差。

表二：绿营、新军、北洋海军士兵与非军人年平均收入比较（1904 年）

（单位：两）

绿营	新军	北洋海军	平民	估计平均收入		
马兵 24	正目 61.2	正炮目 240	商人（上海）	一等商人：6000 以上		
				二等商人：3000—4000		
				三等商人：1000—1500		
步兵 18	副目 57.6	副炮目 180	教师	中学教师：250—450		
				小学教师：68—80		
				私塾教师：20—30		
守兵 12	正兵 54.0	正头目 168	工人（湖北）	技术工人：80—120		
				普通工人：30—50		
	副兵 50.4	副头目 144	农民	自耕农：33—50		
				佃农：15—30		

（资料来源：苏云峰《中国现代化的区域研究：湖北省》第 483—496 页；皮明勇《晚清军人的经济状况初探》（《近代史研究》1995 年第 1 期）、《关注与超越——中国近代军事变革论》第 93—94 页；罗尔纲《绿营兵志》第 344—348 页。）

---

[1] 《营制饷章·薪饷制略》，《大清光绪新法令》第 14 册，第 63 页。

从晚清士兵的经济收入来看，原绿营兵收入与佃农、自耕农下层或工人中的最底层接近，而新军士兵收入则普遍接近或超过自耕农，与工人中上层相当。"当时经济生活一般水准低下，每兵月饷四两五钱，视自由职业收入亦无逊色"[1]。总体来说，"湘军、淮军、海军、新军士兵的经济地位居于晚清社会的中等水平，部分甚或略偏上；绿营、八旗和防、练军士兵的经济地位接近于或略高于当时社会的一般水平"[2]。

甲午战后，清政府大力编练新军，从新建陆军、自强军、武卫军到全国各省编练的新式陆军，饷额都比较高。而且，清末新军士兵所得粮饷除了自己在营开销外，每人每月还可节余 2 两左右。如北洋新军士兵从入伍 3 个月后开始留饷至 6 个月，由各营统一寄送其家属。即便这样，士兵手中每月仍可余银将近 1 两。新军官兵在伤亡抚恤、家属优待、免除赋税等方面也都享有了旧军人所没有的待遇。当然，由于清政府库银紧缺、勇营部队自筹粮饷不力，上级克扣以及政府推行以钱钞和制钱代替折饷银等因素，使得晚清军官的实际法定收入只占饷章规定的 8 成左右，士兵实际法定收入更少一些[3]。

（二）提高武职品级

在以儒家为道统和士为四民之首的社会结构中，人们习惯于靠饱读诗书通过科举入仕，行伍入仕并不被大众普遍认同。"盛世的文官重于武官，同品的文武二员，文员的地位总是高些"[4]，有时正一品的武官提督受一品文官总督的节制，甚至连二品巡抚的地位都不如。湘军崛起虽使湖南人产生了当兵从仕的热潮，然而，许多湘军军官对自己的职业并没有多少自豪感。比如刘铭传身为武官却感到严重自卑，直至他设法改任文官之后才找回内心的平衡[5]。淮军统领周盛传官至直隶提督从一品，仍发誓不让自己的子孙再入营伍，而要他们"抑

---

[1] 丘权政、杜春和：《辛亥革命史料选》（下），长沙：湖南人民出版社 1981 年版，第 152 页。
[2] 皮明勇：《关注与超越——中国近代军事变革论》，石家庄：河北人民出版社 1999 年版，第 82 页。
[3] 李铎：《练兵刍议》，《东方杂志》第 3 卷第 8 期，1906 年。
[4] 雷海宗：《中国文化与中国的兵》，北京：商务印书馆 2001 年版，第 109 页。
[5] 皮明勇：《关注与超越——中国近代军事变革论》，第 167 页。

方刚之气，读有用之书"。

甲午战后，晚清政府以新军编练为第一要政。但八旗、绿营、练、勇和新军的军阶却五花八门，各不相同。只有经制八旗兵与绿营的军官才有官阶，并且比高贵的文职官阶地位普遍要低。清廷认为必须提高新军军官的品级地位，否则新军编练工作很难开展。1904 年 12 月朝廷批准了练兵处与兵部会奏的新军官职章程。新军官职的设置，结束了新军军官沿用绿营官阶，或身任武官却用文职官阶的现象，使文武官职的对比明确化、正规化，很大程度上提高了军官的自豪感和荣誉感。

表三：文武官职对照（1904 年）

武职		文职	
官衔	品秩	官衔	品秩
大将军	正一品	太师、太傅、太保、殿阁大学	正一品
正都统	从一品	士总督兼兵部尚书衔	从一品
副都统	正二品	总督或巡抚兼兵部侍郎衔	正二品
协都统	从二品	巡抚或布政使	从二品
正参领	正三品	按察使	正三品
副参领	从三品	都转监运使司	从三品
协参领	正四品	道员（守道、巡道）	正四品
正军校	正五品	同知、直隶州知州	正五品
副军校	正六品	京府通判、京县知县	正六品
协军校	正七品	知县、县丞	正七品
正目	正八品	州学正、教谕	正八品
副目	从八品	知事、训导	从八品

（资料来源：《光绪政要》卷 30；郭松义等：《清朝典制》第 272—279 页。）

从上表可以看出，武官的地位明显高于文官，过去一个道员（文职正四品）加兵备道衔即与总兵（武职正二品）平行[1]，而现在仅与管带平起平坐，一个队官的品级竟与知县持平，兵头将尾的副目则与县衙的巡检相当，甚至列兵也有从九品的头衔[2]，充分显示了官兵地位的提高。

---

[1] 《清朝续文献通考》职官 20，北京：商务印书馆 1936 年版，总第 8939 页。
[2] 《清朝续文献通考》职官 32，总第 9071 页。

（三）寓征于募

兵役制度与军人地位有着密不可分的联系。秦朝实行征兵制，每位身体健康的男子一生中都要服两次兵役。隋唐时期为实行府兵制和募兵制。宋代依然实行募兵制，但募兵主要对象为"失职犷悍之徒"，兵之多寡，不关于国之盛衰，国之存亡不关于民之叛服。募兵之数日多，养兵之数日浩。结果"民不知兵，官不知兵，即兵亦不自知其为兵"[1]。兵始终处于主流社会之外，成为边缘人。有清以来，八旗、绿营实行落后的世兵制，老弱之兵充斥营伍。湘、淮军实行募兵制，初期曾显示一定优越性，但日久疲生，纪律日趋松弛，战时临时招募，兵员质量得不到保证，也缺乏必要的训练。

甲午战争前后，中国军队虽然装备了与敌人同样先进的武器依然一触即溃。人们纷纷探究其原因，认为"兵与民分，则尚武之能力薄；兵与民合，则尚武之能力宏"[2]。长期实行募兵制，召募来的士兵，大半来自市井无业游民，体力薄弱而不堪劳苦，秉性狡黠而不肯死战，嗜好太深而不能忠守。来如乌合、去如鸟散，平时无事，坐食饷粮，鱼肉乡里；一旦临阵，望风先溃，抛戈而逃，遣返之后，骚扰百姓，贻害地方。这样的军队不足以为国家之干城，且前有养兵之费，后有遣散之难。民不愿为兵，兵也难复为民。募兵制既浪费国家财政，又带来社会不安，弱化了军队战斗力。

一些先进人物逐渐认识到，唯有实行"全民皆兵"才是振奋军队、高扬尚武精神的根本。欧西列强"其兵制最为美善，不惟步武我国三代寓兵于农之遗意，抑且广兵于士工商贾"[3]。日本舍募兵用征兵，在法律上规定国民皆有服兵役的义务，其国民矜尚武功，人人以入伍为荣。1895年康有为在《上清帝第二书》中就主张"以民为兵"。时人强调，"现在国难日形严重，决非青年沉醉歌舞之日。凡我青年，万不要以穿上军衣为耻，工作军中为苦；都应个个受严格地军事训

---

[1] 夏燮：《中西记事》，转引自熊志勇、高钟：《"无兵文化"与"新四民"观的历史考量》，《青海民族学院学报》（社会科学版）2004 年第 1 期。

[2] 《论征兵》，《申报》1906 年 5 月 19 日。

[3] 《兵术篇》，《大公报》1905 年 11 月 3 日。

练，借以锻炼身体，去应付我们的严重国难"。陈天华呼吁："若不仿照外国的法子，人人当兵，把积弊一切扫除，真真不可设想了"，"这当兵二字，是人生第一要尽的义务。国家既是人人有份，自应该人人保守国家的权利；要想保守国家的权利，自应该人人皆兵"。

人们认为实行征兵制，将使中国军队的面貌大有不同。兵来自民，身体强壮，精神充足，民风淳朴，可以任劳尝苦，可以训导大义，可以得其死力。民自为兵，可消除民歧视兵的陋习，民与兵关系日益密切，军队的社会功效大大增加。"一旦征之于军队，号令肃之，步伐整之，行伍一之，昕夕练之，严之以规律，和之以共同；晓之以天下之大势，激之以忠爱之良心；勒之以法，宽之以仁，明之以耻，勖之以义，使其整齐严肃，活泼笃挚，闲习于军队之生活，而成为一种军国民之气质，则其退伍之后，还家之时，必将传播于乡党邻里之间，亲戚盟友之际，愈传愈广，愈演愈深，遂成一种尚武奉公，公共严肃之精神，而永远不可复灭"[1]。征兵制条件下的军队教育还可以补充国民教育之不足，"此不惟军人之智识及其精神可以普及，而所谓国家观念、义务思想者，亦将于隐微历练之中发生滋长以达于强盛矣"[2]。梁启超认为实行征兵制还可让个人受益匪浅，"此服兵役之数年间，实一生报国难得之机会也。……凡人欲有所成立，必须自少年时，磨练其筋骨，强壮其志气，保持正直之心肠，养成纪律之习惯，欲受此等良好之教育，舍军队外，无处可求。在军阀历数年，一生受用不尽"[3]。

19世纪末20世纪初年晚清政府推行的征募制比甲午前世兵制向募兵制的转变更具有一定的近代兵役制度意义。征兵时，"由各督抚察度该省州县民户之多寡，幅员之广狭，道路之远近，往来之通塞，酌订开招日期，并先设选验处所，预期示谕"，招募时"由各该村庄庄长、首事、地保等各举合格乡民，开具名册，偕赴该选验处所，听候验点。毋许滥保游民溃勇，亦不得将应募合格之人瞻徇隐匿。并严禁吏胥、庄长、地保等借端勒索摊派"[4]。

---

[1] 《救国论》，《于右任辛亥文集》，上海：复旦大学出版社1986年版，第53页。
[2] 太憨：《河南征兵末议》，《豫报》1907年1月第2期。
[3] 《国民浅训·征兵》，梁启超：《饮冰室合集》（八）专集之32，北京：中华书局1986年版。
[4] 《练兵处奏定陆军营制饷章》，《东方杂志》第2年第2期，1905年3月。

袁世凯组建新建陆军和编练北洋六镇时对士兵应征就有明确的要求。年龄：20 至 25 岁；身长：4 尺 8 寸以上；每一应征者须能平举约 100 斤以上；步限每小时行 20 里以外；必须来自本地且有家属；须有强健的体格，优良的品性。凡五官不全、有目疾喑疾者不收，吸食鸦片、入行会、犯案以及"城市油滑向充营勇"者一概不收。应征时应有地方士绅出具担保，还须报三代住址和指纹箕斗数目。每个士卒的饷粮须扣一部分寄给家庭，每一士兵均得减付捐税，地方当局应保护军人家眷 [1]。张之洞对军校生源的文化水平要求甚至更为严格，"努力招收举人、贡生、生员等有功名的士子书生，以及候选官员、官绅家庭子弟和各种各样知书达理的人" [2]。这种征兵方式改变了自愿投效的原则，掺杂了某些征兵制的做法 [3]。在征募制下，服役者自愿承担兵役义务，一定程度上加强了国民的国防意识，军人历来的低下地位也因此而有了较大改观。当时的一首诗歌描写了一位妻子送丈夫参军的场景，颇能说明尚武之风影响之深。"送郎送到一里亭，手拿着美酒钱郎行，郎今饮酒休留恋，大丈夫在世当为兵。送郎送到二里亭，双手儿奉郎烟一筒，人生自古谁无死，要留下千秋万世名……" [4]。妻子送夫从军，鼓励他保家卫国，建立功业，这种从容果敢，同杜甫《兵车行》里所描写的男丁被迫从军时家人的牵衣顿足、失魂落魄形成了鲜明的对比。当然，清政府新的兵役制度不断改变着"官不知兵"、"民不知兵"旧俗的同时，却也大大加剧了"兵为将有"的趋势。甚至北洋新军只知官保（袁世凯，引者注）而不知朝廷 [5]。

1910 年《泰晤士报》报道："对一度被歧视的武人所表示的尊敬，大概是在现代中国所能看到的最大改变，渴求上进的人大有舍文官品级而逐武官品级之势" [6]。步入近代化的军人从薪资待遇到官职品级，从着装到武器再到精神面

[1] 施渡桥等：《清代后期军事史》（下），北京：军事科学出版社 1998 年版，第 1056 页。
[2] ［澳］冯兆基：《军事近代化与中国革命》，上海：上海人民出版社 1994 年版，第 81–83 页。
[3] 施渡桥：《清代后期军事史》，北京：军事科学出版社 1998 年版，第 1056 页。
[4] 《伤十送郎调从军行》，《安徽俗话报》第 6 期，1904 年 6 月。
[5] 张国淦：《北洋军阀的起源》，《北洋军阀史料先辑》（上），北京：中国社会科学出版社 1981 年版，第 68 页。
[6] ［澳］冯兆基：《辛亥革命中的军事策反活动》，见张玉法主编：《中国现代化史论集·辛亥革命》，台北：台湾联经出版事业公司 1982 年版，第 340 页。

貌，与昔日"鸠首鹄面"的丑陋形象截然不同，"军人从一种地位较低的单纯职业性集团，变成了一支有影响的社会力量"[1]。

二、军人近代民族民主思想的萌芽

近代化归根结底是人的近代化过程，"国必有兵而后能存，兵必有学而后能精"[2]。科举制的废除彻底斩断了"八股取士"的传统路径，"弃文习武的新风气弥漫全国"[3]。为参军入伍、军事教育提供了动力之源，更为军人近代民族民主思想萌芽奠定了社会基础。

中国古代教育以科举制为最大特色，但是，科举考试中的武科地位远不能和"文科"相比，"武科一途，衣冠之族不屑与"[4]，八旗和绿营将领中真正出身武举的不足 10%。自从湘淮军团出现以后，部分士人通过行伍途径进踞军政要职，科举和行伍的地位便悄然发生了变化。"同光之间，不由科弟而致身通显者，时人目为八大生员，曾忠襄公国荃以优贡官两江总督，彭刚直公玉麟以附生官兵部尚书，刘忠诚公坤一以附生官两广总督，刘壮慎公长佑以武生官云贵总督，张树声以附生官两广总督，岑毓英以廪生官陕西巡抚，李续宾以附生官安徽巡抚，刘蓉以廪生官陕西巡抚，他如杨岳斌刘铭传等皆以军功进，时人尚不以与八大生员等量齐观"[5]。

甲午战后，从朝廷重臣到封疆大吏都不同程度地认识到，改革科举制度是富国强兵以及改变国人重文轻武传统的必然要求。康有为认为"日本战胜我，亦非其将相兵士能胜我者，其国遍设各学，才艺足用，实能胜我也"；建议清廷废八股、兴学校"取鉴于日本之维新"[6]。梁启超则指出：一国之民，有士、农、

[1] ［美］费正清、刘广京主编：《剑桥中国晚清史》（下），北京：中国社会科学出版社 1985 年版，第 602 页。
[2] 《张文襄公全集·奏议》卷 57，北京：中国书店 1990 年版，第 23 页。
[3] 陶菊隐：《北洋军阀统治时期史话》，北京：三联书店 1957 年版，第 5 页。
[4] 冯桂芬：《校邠庐抗议》，上海：上海书店出版社 2002 年版，第 42 页。
[5] 陈登原：《国史旧闻》第 3 册，北京：中华书局 2000 年版，第 662 页。
[6] 《康南海政史文选》，广州：中山大学出版社 1988 年版，第 197 页。

工、商、兵之分，然而"兵有兵之士"[1]却鲜为国人所知，"兵而不士"，仍"如无一兵"[2]。除非罢科举，使农、工、商、兵皆有专学，否则国家永无富强之日。康梁等人废科举、立新学的呼吁，引起社会各界的极大反响。1896 年，湖北武备学堂招考一百二十名学生，前来报考者达四千余人，录取比例为 34∶1[3]，这出现在长期奉行"好铁不打钉，好男不当兵"传统文化背景中实属不易。1898 年，张之洞就改变中国重文轻武传统而提出"寓科举于行伍"的主张，"今欲重武厉兵，而积习已染，不能骤改，尽心劝勉，亦恐无裨，惟有厉行伍以科举之一法，使其非由行伍不得科举，非由科举不得将官，爵禄所在，则杰士争趋，流品既殊，则廉颇自立，将领不肯侮辱，旁人不敢轻贱"。改革科举制度，变科举取士为行伍取士，使行伍之士卒同样可以获得功名利禄，可以唤起国人参加行伍的激情。

　　1901 年 8 月 29 日，清廷宣布："嗣后武生童考及武科乡、会试，着即一律永远停止"[4]，要求各省尽早开办武备学堂。鲍威尔在分析 1904 年练兵处上奏的条陈时指出："练兵处大臣们打算提倡爱国情感、干练的领袖、适当的待遇、充分的饷银和医护"[5]。很明显，在经历了无数次战败之后，清廷重臣们意识到，为了守住疆土不再被敌人打败，他们必须培养大批具有较高作战指挥能力和部队管理能力而又尚武精神高涨的军官。1905 年 8 月"谕令停科举以广学校"[6]。科举制的废除使行伍进仕一时间竟然成为人们主要的升官途径，极大转变了社会重文轻武的观念，也大力推动了尚武爱国意识的高涨。到 1911 年 10 月，全国军事教育机构约有 70 余所[7]。某些地区甚至出现了军校毕业生供过

---

[1] 夏晓虹：《梁启超文选》（上），北京：中国广播电视出版社 1992 年版，第 21 页。

[2] 夏晓虹：《梁启超文选》（上），第 21 页。

[3] 朱有瓛：《中国近代学制史料》第一辑，上册，华东师范大学出版社 1983 年版第 544 页。

[4] 朱寿朋：《光绪朝东华录》，北京：海洋出版社 1982 年版，总第 4697 页。

[5] ［美］拉尔夫·尔·鲍威尔：《中国军事力量的兴起，1895-1912》，北京：中国社会科学出版社 1979 年版，第 158 页。

[6] 转引自陈景磐：《中国近代教育史》，北京：人民教育出版社 1979 年版，第 168 页。

[7] 《1912 年中国年鉴》列出中国 27 所陆军小学堂、15 所测绘学堂、4 所陆军中学堂，以及陆军军官学堂与陆军贵胄学堂。参见［澳］冯兆基：《军事近代化与中国革命》，上海：上海人民出版社 1994 年版，第 87 页。

于求的现象[1]，正是这些军校学子们使中国军人的素质发生了很大的变化。

军事游学也是晚清军事教育改革的一项重要内容，早在洋务运动时期，有人就建议仿照日本派遣留学生。1872 到 1875 年清廷选派 120 名 12—14 岁的幼童由陈兰彬、容闳带领前往美国，成为中国派遣留学生之始[2]。这批学生归国后大部分供职于船政局、水师学堂、上海机器局。1877 年清廷选派 30 名船政学生分赴英、法学习，1879 年这批学生陆续回国后，受到了海军界的热烈欢迎，"南北洋争先留用，得知唯恐或后"[3]。派遣海军留学生的同时，清政府也选派了部分陆军留学生赴欧洲各国学习军事。20 世纪初，清廷发布上谕认为"造就人才，实系当今急务。前据江南、湖北、四川等省选派学生出洋肄业，著各省督抚一律仿照办理"[4]。并许诺留学生"分别赏给进士举人各项出身"[5]。留学生们在国外学习时，常常受到列强的压迫，"我闻之出洋华人，因无国而爱国心念愈切"[6]，许多留学生因此而"加深了对帝国主义的仇恨，对本国政府的媚外投降政策更加不满而走上了革命的道路"[7]。"由于军事留学生多半怀有改革与革命的热情"[8]，几乎所有成为新军中下层军官的留学生都成了资产阶级革命派争取的目标，可以说，留学运动对当时革命起到了"先锋的和桥梁的作用"[9]。据一位日本学者统计，仅在日本陆军士官学校的第四、第五、第六期中国军事留学生中，"加入孙文的中国革命同盟会的革命分子也有一百人以上"。他们深刻感受到德意志民族和日本民族的尚武精神，其中不仅产生了一些现代军事人才，更产生了一大批民主革命的斗士，较著名的有蒋作宾、陈仪、孙传芳、

[1] 皮明勇：《关注与超越——中国近代军事变革论》，第 60 页。
[2] 王建华：《半世雄图——晚清军事教育现代化的历史进程》，南京：东南大学出版社 2004 年版，第 51 页。
[3] 王建华：《半世雄图——晚清军事教育现代化的历史进程》，第 56 页。
[4] 朱寿朋：《光绪朝东华录》，北京：海洋出版社 1982 年版，总第 4720 页。
[5] 陈景磐：《中国近代教育史》，第 189 页。
[6] 灵石：《读＜黑奴吁天录＞》，《觉民》，1904 年第 7 期。
[7] 陈景磐：《中国近代教育史》，第 192 页。
[8] 王建华：《半世雄图——晚清军事教育现代化的历史进程》，第 318 页。
[9] 陈景磐：《中国近代教育史》，第 192-193 页。

唐继尧、李烈钧、陈潜等[1]。这既背离了清政府派遣留学生的初衷,甚至也是当初留学者所万万没有想到的。

三、军队战斗力的提升

清廷编练新军大规模展开之后,以德日两国操法为样板,清军的兵种训练和战术训练都较有起色。训练中还经常举行各种规模的对抗演习,并根据结果修订原来的战斗条例。经受西法训练的新军战斗力有了明显的提升,时常表现出高涨的尚武精神。

第一次鸦片战争时期,清朝军队战斗力异常羸弱,"以中国之兵甲,与泰西诸强国相权衡,十不当一,一与之搏击,鲜不溃靡"[2]。当时,清军一役投入数千士兵作战,往往只能毙伤英军十数人、数十人。除了因为清军的溃逃且武器较差以及英军训练有素之外,主要因为清军的战术落后。英军采用线式战术,清军则采用杀伤效能无法充分发挥的阵战。清军作战缺乏兵种配合和统一指挥的意识,为数不多的先进武器却无法充分发挥效能,更缺少懂得近代作战素养的将领,不知道使用预备队和保护侧翼的必要性。在李鸿章看来,腐败怯懦的绿营官兵不能胜任近代军事,就是湘军的"血气之勇,粗疏之材"[3]亦难御强敌。主张必须严格训练官兵,使他们掌握新式枪炮的使用方法,以免"临时张皇无措,虽有利器亦同虚设"[4]。1863 至 1864 年,李鸿章令各部觅雇洋人,讲授新式枪炮的使用和进行队列、体操、行军、测绘、战阵等西式操练。清军学习西法训练时机械搬用的现象比比皆是。如自强军各营兵丁进行合操时,洋统带来春石泰提出:"其合操时,须设军乐,以为节奏"[5]。于是清廷专门从外国进口乐器,建立由 15 人组成的一支军乐队,用中国官兵听不懂的外国曲调进行合

---

[1] [日]岗田英弘:《日本陆军士官学校的留学生与中国革命》,《外国中国近现代史研究》第九辑,北京:中国社会科学出版社 1987 年版。
[2] 章太炎:《弭兵难》,《章太炎证论选集》(上),北京:中华书局 1977 年版,第 64 页。
[3] 李鸿章:《创设武备学堂折》,《李文忠公全书·奏稿》卷 53,第 42 页,清光绪末年金陵刻本。
[4] 李鸿章:《创设武备学堂折》,《李文忠公全书·奏稿》卷 53,第 42 页,清光绪末年金陵刻本。
[5] 《中国兵书集成》第 49 册,北京:解放军出版社 1993 年版,第 425 页。

练。其实，完全可以用吹号、吹哨、打旗语等办法加以替代。盲目外购军用品，甚至包括连国内都能生产的水壶、铁铲、马鞍也包括其中。虽然照搬照抄痕迹明显，但训练效果却引人注目。在淮军一次打靶比赛中，周盛传部 300 名士兵在 300 步外瞄射 8×12 寸悬靶，命中率高达 80%，其中有 60 余人 5 枪全中。通过训练，淮军官兵基本可以做到步伐整齐、举止划一。部分官弁也能进行 3 个梯队的攻防指挥，懂得在第一梯队使用散兵以减少伤亡[1]。

甲午战后，日本学者指出："北洋陆军装备有毛瑟步枪和克虏伯野炮，所以在武器方面，比使用村田式步枪和青铜炮的日军优越。但北洋陆军不过是用于内战和示威的军队，所以它完全没有适应近代化战争的必不可少的给养、运输机关和兵站设备"[2]。在日本人看来，中国军队距离近代化还有一定差距，不管是兵种建设还是训练战法。张之洞指出："愤兵事之不振由锢习之太深，非认真仿照西法，急练劲旅，不足以为御侮之资"[3]。在仿照西法练兵的过程中，新军彻底抛弃了传统的"稳扎稳打"的步步为阵之法，注重发挥火器的优长，采用灵活机动的策略。接敌队形则放弃复杂阵法，向"散队"靠拢，强调离攻击目标"约距五百步，用逐段跃进，伏地迅速，任意放枪，愈近愈猛"[4]。从战术方法上看，强调就地挖掘工事进行防御，用炮兵进行拦阻射击，用地雷轰炸敌密集队形，还倡导使用夜战袭击，要求步兵依托工事进行阻击等。从战术协同上看，强调不同兵种之间的密切协同，如攻击时先以马队侦察，再以步兵和炮兵火力侦察，继以炮兵火力摧毁，以工程队破障作业等。从武器配置上看，袁世凯鉴于旧式军队所配枪炮新旧并存、种类杂多，严重影响弹药供应和作战效能。编练北洋六镇时，既注意购买马克沁机枪、管退快炮等新式枪炮，但又同时注意"枪炮式样，全镇一律"[5]。新军全面按照西法训练，取得了不少成绩，但也或隐或显地受到帝国主义的制约。张之洞曾不无忧虑地指出："今日中国

[1] 皮明勇：《关注与超越——中国近代军事变革论》，第 51 页。
[2] [日]藤村道生著：《日清战争》，上海：上海译文出版社 1981 年版，第 104 页。
[3] 张之洞：《选募新军创练洋操折》，《张文襄公全集》卷 40，北京：中国书店 1990 年版，第 1 页。
[4] 《兵学新书》卷 2，清光绪二十四年（1898）石印本，第 17 页。
[5] 《袁世凯奏议》，天津：天津古籍出版社 1987 年版，第 276、1278 页。

练兵诚为第一要事，惟各国皆思干预我兵权，亦是大患"[1]。

西方先进军事训练方法的引入，是对清入关以来"以骑射为满洲根本"训练思想的极大超越。清军中涌现出若干支具有近代军事特征的新型军队，其表现出的战斗力令西方列强深感震惊。1900 年庚子事变中，外国人对中国军队表现出较强的战术意识颇为惊叹："聂军（聂士成部）有进无退，每为各军之先，虽受枪炮，前者毙而后又进，其猛勇处诚为非他军所可比拟者"[2]。西摩所率领的联军遭到聂军沉重打击，伤亡 40 多人。这使侵略军认识到，以"一支小的现代外国军队能够从中国这一端打到另一端而不会遇到有效抵抗"的时代已经一去不返了[3]。

四、"单独武力，决不能建设现代的国家"：尚武精神的重塑

辛亥革命后，袁世凯窃取政权，实行专制反动统治。"无量头颅无量血，可怜购得假共和"[4]，人们迷茫于"在共和政体之下，备受专制政治之痛苦"[5]。军队内部凝聚力瓦解，很多军官凭借手中掌握的军事力量干预政治，并与各种政治派别发生联系。曾经是革命主要推动力的新军在历史舞台上没有继续扮演革命的角色，最终沦为了军阀之间争权夺利的工具。随之而来的第一次世界大战，资本主义世界各种难以克服的矛盾充分暴露在国人面前，唤醒了仰慕法兰西文明的中国知识分子，使他们开始对西方资本主义文明的认识发生决定性的变化。以陈独秀为代表的先进国人经过深刻反思认识到，"以理论言，单独武力，决不能建设现代的国家。以事实言，袁世凯、张勋相继以武力政策，都归失败"[6]。中国近代尚武思潮在成功实现对结束封建帝制的巨大推动作用后，在军人集团异化趋势面前，实现了理性的重塑。

---

[1] 《张文襄公全集·电奏》卷 8，北京：中国书店 1990 年版，第 8 页。
[2] 佚名：《西巡回銮始末记》卷 2，《庚子国变记》附刊本，台湾：神州国光社 1947 年版，第 18 页。
[3] 王建华：《论列强对晚清军事教育近代化的影响》，《社会科学》2004 年第 10 期。
[4] 《民立报》，1912 年 9 月 13 日。
[5] 陈独秀：《吾人最后之觉悟》，《新青年》第 1 卷第 6 号。
[6] 《今日中国之政治问题》，《新青年》第 5 卷第 1 号，1918 年 7 月 15 日。

北洋军阀的黑暗统治之中，民族危机十分严重，"中国向何处去？"的问题再一次摆在了时人面前，沉重的疑问促使人们不得不进行深刻的反思。激进的资产阶级知识分子在文化思想领域里发动了一场新文化运动，近代尚武思潮摆脱过去的桎梏，升华为反军阀要和平、反专制要民主的思想潮流。

在民族主义问题上，孙中山明确提出了反对帝国主义的具体目标。如主张"对于外人维持吾国民之独立"[1]。改变过去"排满革命"提法，主张国内各民族一律平等，"皆得为共和国之主人翁"[2]。在民权主义方面，坚决反对封建军阀的统治，强调铲除军阀、官僚、政客为"改造中国的第一步"[3]。在民生主义方面。强调先行政治革命，再行社会革命。主张"一面图国家富强一面当防资本家垄断之流弊"[4]。这些反思反映了当时要求民族独立、民主自由和国家富强的强烈愿望，激励着一大批资产阶级革命党人积极投身于"二次革命"、护国运动、护法运动，为推翻反动统治、建立理想社会而进行艰苦探索和英勇斗争。

梁启超曾指出，"彼德新造之邦，至今仍仅三十年，顾乃能摧奥仆法，伟然雄视于欧洲，曰惟尚武故。……彼日本区区三岛，兴立仅三十年耳，顾乃能一战胜我，取威定霸，屹然雄立于东洋之上也，曰惟尚武故"[5]。中国急切希望吸收军国主义理论，使中国迅速摆脱屈辱并像德日一样强大起来，不过，中国人内心中并不希望因此而建立军国主义国家向侵略扩张的目标努力，而仅仅关注军国主义中的尚武精神资源，"中国的尚武主义是达到目标的手段，军国主义本身并不是目的"[6]。陈独秀在新文化运动期间发表了大量关于尚武的议论性文章，形成了一种既主张尚武又反对军国主义的系统观点。他对中国传统文化中厌恶战争暴力的心态进行了尖锐的批判。1903 年，陈独秀曾写下这样的豪言壮语："英雄第一伤心事，不赴沙场为国亡"，"男子立身惟一剑，不知事败

[1] 《孙中山全集》第 2 卷，北京：中华书局 1982 年版，第 339 页。
[2] 《孙中山全集》第 2 卷，430 页。
[3] 《孙中山全集》第 5 卷，第 126 页。
[4] 《孙中山全集》第 2 卷，第 323 页。
[5] 梁启超：《新民说·论尚武》，沈阳：辽宁人民出版社 1994 年版，第 148—149 页。
[6] ［澳］冯兆基：《军事近代化与中国革命》，上海：上海人民出版社 1994 年版，第 123 页。

与功成"[1]。同年，他在安庆发起组织安徽爱国社，规定该社的宗旨是"结合士群为一团体，发爱国之思想，振尚武之精神，使人人能执干戈卫社稷，以为恢复国权基础"[2]；在爱国演讲会上大声疾呼："外患日亟，瓜分立至"，"非提倡军人精神断不足以立国"[3]。陈独秀认为战争是一种促进社会进步、有助于社会肌体保持健康状态的重要因素。他一度公开主张中国参加第一次世界大战，借机向西方列强"表示一二不可侮之成迹，印之欧人脑里，则莫敢轻于侮我"[4]。

1914年，第一次世界大战爆发，德国军国主义疯狂推行帝国主义侵略政策引起了陈独秀的深刻反思，他果断对德国提出了批评，"为他人侵犯其自由而战者，爱国主义也。为侵犯他人之自由而战者，帝国主义也。爱国主义，自卫主义也，以国民之福利为目的者也……帝国主义，侵略主义也"[5]。1915年后，陈独秀在首次使用"军国主义"概念，并明确地将它与德国联系在一起。他将第一次世界大战中德国对法国的攻击定位为军国主义对民主自由的攻击。"德意志以军国主义为厉世界，吾人之所恶也，列国讨之，亦以尊重自由正义与和平，不得不搭此军国主义之怪物"[6]。当一战末期德国无可挽回地走向失败时，他曾一度树立起了"公理必定战胜强权"的信心。对于东方的军国主义日本，他也曾毫不客气地进行批判，称日本为"亚洲的德意志"。在陈独秀对尚武与军国主义做出严格区分的同时，他心目中所主张的尚武的内涵和价值也发生了相应的变化。在《社会主义批评》一文中，陈独秀批判了资本主义与军国主义的不解之缘："所谓军国主义者，祗求保守自己之平和，而不顾扰乱他人之平和者也。质言之，则所谓军国主义者，究为破坏平和之物，而非保障平和之物也"[7]。对国内的"军国主义"陈独秀也进行了揭露，"北洋系以普鲁士自

[1] 《哭汪希颜》、《题西乡南洲游猎图》，陈独秀：《陈独秀著作选》第1卷，上海：上海人民出版社1993年版，第20—21页。
[2] 《安徽爱国社拟章》，《苏报》，1903年6月7日。
[3] 《苏报》，1903年5月26日。
[4] 《对德外交》，《陈独秀著作选》第1卷，上海：上海人民出版社1993年版，第269、270、273页。
[5] 《爱国心与自觉心》，《甲寅》第1卷第4号，1914年11月。
[6] 《自由正义与和平》，《陈独秀著作选》第1卷，上海：上海人民出版社1993年版，第388页。
[7] 东吴：《论军国主义与和平主义》，《申报》，1909年3月23日。

居，力倡大权政治"[1]；"目下政治上一切不良的现象，追本求源，都是'武人不守法律'为恶因中之根本恶因"[2]。在《欧战后东洋民族之觉悟及要求》一文中，他进一步明确地指出，我们"对内的觉悟和要求，是抛弃军国主义，不许军阀把持政权"[3]。他振臂高呼："野蛮的军人，腐败的官僚，都是国民之仇敌。但是两样比较起来，军人更觉可怕，可厌"[4]。

人们在痛恨武人专制、反对军国主义的同时，并不否认提倡理性尚武精神的必要。陈独秀主张兽性主义与人性主义并重，"强大之族，人性兽性同时发展。其他或仅保兽性，或独尊人性而兽性全失，皆是衰弱之民也"；他所主张的兽性主义，也就是要培养国民具有一些特别的品质。如果说，20世纪初年的中国人所强调的尚武既是一种重视武备的观念，更重要的是积极扩充军备，赋予军队在社会生活中的特殊地位的一整套政策体系，是一个观念与制度、政策的混合体[5]。那么，新文化运动时期人们所谈论的尚武，已经去掉了其中有关制度与政策的内涵，使之变成了一种比较单纯的观念，而且不再局限于军事领域。对国民进取精神和抵抗力的重视，关系到中华民族人文精神的再造，说明人们对尚武精神的追求，已经进入了一种新的境界[6]。

五、结语

尚武思潮是晚清知识精英在救亡图存过程中，针对国民的体质和精神状况，掀起的一次旨在弘扬"兽性"精神和民主意识，塑造国民自强之性格、强健之体魄的思潮运动。中国军事近代化在迟滞半个多世纪之后，随甲午战败带来的空前民族危机为发端，产生了新的突破。在近代尚武思潮的作用下，中国军队发生了巨变，从军事文化观念的变迁，到军人地位的跃升，从军人形象的

[1] 《时局杂感》，《陈独秀著作选》第1卷，上海：上海人民出版社1993年版，第318、319页。
[2] 《今日中国之政治问题》，《新青年》第5卷第1号，1918年7月15日。
[3] 只眼：《欧战后东洋民族之觉悟及要求》，《每周评论》第2号，1918年12月29日。
[4] 《军人与官僚》，《陈独秀著作选》第1卷，上海：上海人民出版社1993年版，第440页。
[5] 皮明勇：《关注与超越——中国近代军事变革论》，第452页。
[6] 皮明勇：《关注与超越——中国近代军事变革论》，第452-453页。

改观，到富国强兵的追求，都使中国近代军队从外表到内涵到处彰显着近代的色彩。

世界近代史上先后发生过三次大的军事革命，第一次发生在 16 至 17 世纪的欧洲，从欧洲东来的传教士利玛窦、汤若望等人将西方的大炮带到了明末清初的中国。官僚士大夫的反应是："堂堂中国，若用其小技以御敌，岂不贻笑"[1]。第二次发生在 18 世纪后期至 19 世纪初期的欧洲和北美，马戛尔尼率领英国使团访华，向清廷赠送了铜炮、开花炮弹、自来火枪等新式武器，清朝名将福康安在受邀参观使团卫队操法时，答曰："看亦可，不看亦可。这火器操法，谅来没有什么稀罕"[2]。第三次军事革命发生在 19 世纪后半期至 20 世纪初的欧洲、北美和东亚。中国参与了这次军事革命，奕䜣、李鸿章等人所主张的洋务运动尤其是军事工业的发展，就是其中一部分[3]。然而其范围非常有限，中国再一次成为军事革命的落伍者。究其原因，至少与中国"重文轻武"的习俗积淀长时间难以撼动有直接的关联。甲午战败、庚子国难。在国将不国的时代背景下，"重文轻武"传统受到前所未有的批判和颠覆。清廷开始创建常备军，改革军事教育，仿照西法练兵。尚武思潮的激荡，文人从军的示范，极大改变传统社会风气和社会结构的同时，也使军人的形象大为改观。

新军编练从饷章到番号都进行了统一，甚至每个士兵都有了长短大小合身的军服，配以颜色鲜艳的袖章、肩章，再加上黑皮靴，"勇"字不再像膏药一样贴在胸前背后，士兵们比以前更具有了一种勇武之气。鸦片烟鬼在军营也不多见了，代替他们的是体格健壮、精神振作的英雄男子。德国亲王亨利游历江南，见了自强军官兵操演之后大发感慨，盛赞其身躯之精壮，戎衣之整洁，枪械之新练，手足之灵捷，步伐之敏肃，纪律之严谨。"官兵职业地位和社会地位的逐步提高，会使军队变为人们向往的地方，从而吸引良家子弟投身军界"，"新军不再是受人蔑视的职业……培植尚武精神已经取得巨大成

---

[1] 吏部左侍郎刘宗周语，转引自皮明勇：《关注与超越——中国近代军事变革论》，第 12 页。

[2] ［英］马戛尔尼：《乾隆英使觐见记》，刘半农译，北京：中华书局 1917 年版，《清外史丛刊》（中），第 27 页。

[3] 皮明勇：《关注与超越——中国近代军事变革论》，第 166 页。

功"[1]。新军军官多半出自学堂，新的军事知识充实了他们的头脑，他们初步懂得了进攻和防御的一般战术原则。在多灾多难的时代，一种由衷的自信与责任感悄然升起。新军士兵也粗通文墨，如两江新军的士兵几乎人人都能识字认图。有文化的官兵不单容易掌握近代技战术，更重要的是，容易培养他们的职业自豪感。新军官兵的新知识、新风貌，是军事近代化取得成效的又一个令人印象深刻的证明。

历史学家汤因比曾说："一个社会想把军队西方化而让其他方面保持原样，这是空想"[2]。步入膏肓的晚清政府虽然顺应尚武思潮发展之势，切实推动了中国军事近代化的改革。但由于并未触及其根本，因此其种种努力最终未能完成军事近代化，更无法挽回其覆灭的命运。即便如此，因为军事近代化走在了中国现代化的最前列，在推动中国近代化建设过程中依然扮演着不可替代的角色。

本文系国家社科基金课题《晚清华洋军品贸易与近代军事变革》阶段性成果，项目编号15BZS097。

---

[1] 〔澳〕冯兆基：《军事近代化与中国革命》，第110页。
[2] 〔英〕汤因比：《历史研究》（下），上海人民出版社1997年版。

interview | 访 谈

石川祯浩　　　　　　　　黄克武
（Ishikawa Yoshihiro）

1963 年 生 于 日 本 山 形 县，　　黄克武，1957 年生，斯坦福大学
1984－1986 年 在 北 京 大 学 历　　历史系博士。现任台湾"中央研
史系留学，2002 年获得京都　　究院"近代史研究所特聘研究员，
大学历史学博士学位。现为京　　研究方向为中国近现代思想史和
都大学人文科学研究所教授兼　　文化史，是台湾中生代中国思想
现代中国研究中心主任。代表　　研究的代表人物，代表作有《一
性论文除了他在访谈中提到的　　个被放弃的选择：梁启超调适思
《孙中山致苏联遗书》，还有　　想之研究》、《自由的所以然：
《小说＜刘志丹＞案的历史　　严复对约翰·密尔自由思想的认
背景》等。　　　　　　　　　识与批判》等。

许知远对谈石川祯浩：从梁启超到中国共产主义

撰文、采访：许知远

整理：李睿毅

我们的谈话不咸不淡，气氛亲密又疏离。正像窗外的景色，小雨不停，远处黛色的山峦清晰可见，这城市身处盆地，四处环山。

我们围着方桌而坐，除了石川祯浩以外，还有一位考据孙中山的副教授和两个分别研究中国近代思想史与地理学的博士后。他们吃饭团、喝咖啡，有着日本人常见的礼貌、拘谨。石川祯浩清瘦、安静，是中共党史的权威。他出生于 1960 年代，说起中文来，口音纯正，曾在北大留学，算是我的师兄。

这水泥色的四层办公楼，平庸、乏味。不过，它却有着光辉的传统。这里的中国研究与内藤湖南直接相连，他与同事们开创了汉学领域的京都学派。它的声名也隐含着黑暗。他们对古典中国的推崇、对近代中国的诅咒，似乎在学术上、心理上为日本入侵中国，做出了某种解释。到了石川祯浩一辈，这阴影早已散去。事实上，他强调的是尽量去除情感地研究中国，它是个知识的对象。

他脚下的毛拖鞋、紫色袜子暴露了他性格另一面。当我们说起他在北大四处旅行的经历时，他感慨说他几乎去了所有的省份，在日本却没这欲望。

我翻阅过他的那本成名作，一部关于中国共产党早期历史的著作，因用了很多新材料，也将一些被忽略的人物更清晰地表达出来。对我的同代人来说，在经年累月的灌输之后，我们似乎本能地排斥这个题材，也经常忘记了如今的教条，在昔日曾是多么富有吸引力。

不管是中国学者，还是海外研究者，对共产主义如何征服中国的解释已做了很多种。对于石川祯浩来说，成为世界潮流的一部分，并随这股世界潮流，克服中国旧有的问题，是李大钊这一代缔造共产党的主要原因。然后这个组织获得了一连串的高度幸运的偶然，来自第三国际的支持、西安事变、中日战争……否则，它可能要么消亡，要么仍是一个"激进弱小的组织"。

他拒绝评论现在，强调自己只关注历史。他也承认这个党的多变性，这种变化让它与昔日的缔造者的梦想截然不同，也让它保持了罕见的生命力。我问他，这些建党者中，谁最让他感到有兴致。他又提到了李汉俊，然后就是毛泽东。

许知远（以下简称"许"）：你是什么时候决定从事中国学研究的？

石川祯浩：那时候我在京都大学读三年级，第二外语学习的是汉语，参加了日本国内汉语比赛并获得了奖，我对自己的汉语很有信心，决定到中国来留学。我对历史很感兴趣，因此到北京大学读中国历史，那个时候改革开放刚刚开始，我也想借此机会看中国究竟是怎么样的国家。

许：那么你都发现了什么？

石川祯浩：发现了很多在日本国内从未见过的，像朴实的人情、优美的景色等，印象非常深刻，我的感觉很好。

许：你是怎样对中国共产主义产生兴趣的呢？

石川祯浩：我过去对中国共产主义的历史、共产党的历史并不感兴趣。当时在北大的历史课堂上，很多老师讲的还是革命史，我对此有了一定的知识方面的了解，但并不感兴趣。中国和日本对历史的教育不一样，两个国家的体制不一样，我们只是听，但接受不接受还是另外一回事。

留学之后，我回京都大学读中国历史的研究生，日本研究生在每个学校都参加一个叫"演习"的环节，学生按照自己的方式做一到两次的报告，其他的老师会在台下听你讲课。因为我刚刚从中国回来，因此选的是日本和中国思想史的比较，对比中国的社会主义和日本的社会主义等。当时报告做得很浅显。中国在五四时期社会主义的传播受到了日本方面的影响，堺利彦、片山潜等日本早期社会主义者对中国起了一定的作用。早期有人提出过，但没有人具体地研究核对，哪些文章起过什么作用，哪些文章被翻译过。我查看了一下中国的报刊，发现中国方面的论文有的是参照日本的著作改写的，有的是翻译的，还有的是"盗版的"。过去是没有知识产权这些概念的，因此，现在有人认为是翻译，有人认为是盗版，实际上区别不大。经过比较后，我发现中国很多文章是参照日本写的，由此我做了两次报告，老师觉得这个题目很有意思，鼓励我继续做下去。

我研究生班的老师研究日本近现代史，对日本社会主义很有研究，对中国的了解不多，是个外行，但他对我报告的一点提出了意见：他认为有些文章并不是李大钊写的，之前我们都认为"源泉"是李大钊的笔名，但不知道为什么这个老师对此提出质疑，让我好好研究一下源泉到底是谁。后来我研究发现，源泉真的不是李大钊，而是一个叫陈普贤的人。陈普贤是《北京晨报》的记者，留日的时候和李大钊是早稻田的同班同学，回到中国，两人又一起在《北京晨报》担任编辑，所以两人关系很密切。我又发现李大钊很多文章都有参照源泉文章的痕迹，有的是将源泉早期翻译的文章直接引用到自己的文章里。中国过去对这个人没有注意，但实际上他发挥了很大作用，很可能对李大钊接受马克思主义发挥了重要影响。这个事情发现之后，老师很高兴，鼓励我继续把这个问题做下去。因此这样就开始了中共创建史的研究。

许：刚才你提到了李大钊，他可以算得上是继梁启超等人之后留日的第二代，与第一代一样，他们都受到了日本极大的影响，你认为这两代人之间的差别大吗？

石川祯浩：我认为第一代和第二代之间没有太大的区别。差异性在于，梁启超等第一代这些人对日本的著作用的词汇、概念等话语不是很了解，因此梁启超他们会把日制汉语词汇直接拿到自己的著作中使用；第二代留学生是从梁启超翻译的作品阅读学习开始的，对日本有一定的了解，对政治、经济、哲学、思想等所谓近代西方的词汇早有了解，他们到日本留学有一定的基础，没有太多的困难，接受日本的一些思想观念更为容易，对其理解也更为深刻。

此外，以我们现在的视角来看，梁启超等第一代学人翻译的作品和参照日本著作写的文章还是肤浅一点，是把日本的观念直接拿到中国。但李大钊等第二代学人，他们运用的材料是日本的，思维却是自己的，会在既有材料的基础上自己发挥。比如说，李大钊引用了日本一个评论家毛远的材料，毛远的著作是典型的地理环境决定论。李大钊引用毛远的文章，认为东西文明之间存在不同，并由此对俄国革命进行了一个有特色的解释：俄国位于欧亚大陆之间，它的革命具有融合东西文明的作用。从文明史的角度来分析俄国革命，这很独特。不是说原封不动地拿来介绍，而是加上自己的理解和思想，这是他们之间的第二点不同。

许：梁启超他们作为第一代留学生接受的是明治时代的社会思潮，但当李大钊他们第二代留学生来日的时候已经是大正时代了，与之前相比，社会思潮也有了重大的变化，作为个体他们是如何体现这些历史变迁的？

石川祯浩：首先，留学生能接触到的杂志刊物很不一样。明治时期刊物数量很有限，有代表性的不超过十个，我们要努力收集梁启超参看的杂志蓝本是比较容易的，一个个地翻看这些杂志就好。但大政时期很不一样，民间刊物大大发展起来，内容丰富多彩，思想多样多元，有的主张国家独立，也有的主张世界统一，还有女性主义等，左派右派的思想都有。因此，第二代来日的留学生接触到的事物比第一代多得多。他们中有的人对日本的经济学、政治学感兴趣，有的人对军事学感兴趣，有的人对艺术音乐感兴趣，整个思潮都成为留学生猎取学习的对象。第一代几乎都是来日本学习政治经济等社会科学的，但大正时期来日本的留学生，人文、工学、医学、自然科学等都是他们学习的对象。中国历史学界往往只注重社会科学领域，由此入手研究，其实其他很多的领域也应该关注、研究。当然选择社会科学的学生被历史研究得多一点，像李大钊、周恩来，但其他领域也应该研究。

总的来说，第二代学人与第一代相比学习的范围更广，领域更宽。

许：那个时期是否有一个明显的激进化过程？

石川祯浩：可能有。1918—1921 年，特别是在一战之后，日本也兴起了许多左派文化，配合了马克思主义的宣传活动。所以这些留学生，自然可能会跟着日本的潮流走向激进。

许：你觉得共产主义对李大钊那代人最大的吸引力是什么？

石川祯浩：我没有特殊的解释，但当时共产主义是一个世界的潮流，他们也想加入进去。他们可能是这样一个想法，在俄国发生的东西，不久在西方也会发生，日本也会发生，所以觉得中国也应该加入。

对世界潮流一体化的追求应该是最主要的。其中一定也有一些人是追求中国富强强大，而从民族主义情绪出发来接受共产主义的，但最重要的还是跟世界潮流一起推动人类历史的发展，这样想法的人是主流。

许：再进行一个对比，你觉得李大钊、陈独秀与日本历史上的哪一代人有相似性？

石川祯浩：可能日本没有与他们相似的一代群体，心情上可能相似的是日本早期的社会主义者。

他们的教养、知识基础是儒学儒家的为民服务、救济天下，他们以儒家思考为基础，最后达到了社会主义的思想，日本早期社会主义者是这样的一批人。李大钊最初也是这样，他在北洋学堂学习的时候是以儒家为基础的，但怎么样救济民众，最后寻找的道路是社会主义，相似的例子是有的。但像梁启超和福泽谕吉那样的亲密感、亲近感，这样的关系可能不存在吧。因为日本社会主义生存的土壤一直是不稳定的，它出现在明治时期，但作为政治势力一直很薄弱，经常被压制，留学生和他们接触都很难，会被监视，所以留学生对社会主义人物的向往、向他们学习的倾向并不强。

许：李大钊这一代人对日本社会没有梁启超那一代人的亲密感吧？

石川祯浩：是的，李大钊他们第二代留学生来日本的时候不是著名人物，这与梁启超、孙中山不一样，日本都知道梁、孙是中国著名的改革家、革命家。李大钊他们都是二三流的人物，日本没有人注意，连警察都没有关注他们。孙中山是受警察厅专人监视的，每天都有监视记录，他会见了哪些人，去了哪里等。而李大钊他们是没有的，只不过是众多留学生中的普通一员。2011年，辛亥百年，很多中国媒体来到日本想要找李大钊、陈独秀这些人在日本的记录，都没有找到，留下的只有些学校的成绩单、出勤表之类的东西。

许：如何看20世纪20年代之后，社会主义、费边主义、无政府主义等思潮在中国的传播和发展？

石川祯浩：当时社会主义是当时世界上最有魅力的思想潮流和运动。

许：那只是一段时间，但之前和之后的流行思潮都没有对中国产生如此大的影响，你怎么看？

石川祯浩：在20年代，同样的时间发生了同样的事情，欧洲、美国、日本也是一样，应该把这些联系到一起考虑，当时也没有人会想到有中国特色社会主义。20—30年代，社会主义是世界的潮流，大家都认为社会主义早晚要实现，中国精英也是这样考虑的。

许：写这本书（《中国共产党成立史》）过去了这么多年，现在看来你认为有何不足之处？

石川祯浩：初期的组织过程还应当完善。陈独秀在上海成立党小组的状况，当时没有资料，我这本书出版之后也没有新的材料出现。此外，我在书里的很多假设都是自己的一个推测，需要更精确的资料做支撑。如果说缺陷的话，中共一大资料集的编选过程，它是怎么产生的，缺少深刻的分析，这是一个当代史问题，涉及延安时代、1949年之后的事情。但这些不明确的话，对中共一大、1919—1921年究竟发生了什么，对纯粹的历史探索研究都有很大影响。

许：性格可能是比社会思潮等更有影响力的因素，你是怎么应对每个参与者个性问题的？

石川祯浩：我是外国人，所以对每个人的性格分析不好。但我能够分析谁是聪明人，哪些人对马克思主义理解得更好，把握得更准确。李汉俊就是个聪明的人，对马克思主义把握很好。聪明的人往往更有魅力，陈独秀就是一个比较有魅力的人。

许：你这一代人成长起来面对的是一个逐渐强大的中国，也是一个古典中国逐渐逝去的中国，这个新的环境对你有何冲击？

石川祯浩：这可以视为我和战后研究中国的老前辈之间的区别，他们对当代的中国和目前的中国有强烈的兴趣，有些人对中国特别向往，这是他们研究中国革命史的一个动机。但是我们这一代对革命的中国没有太强的向往，只是认为它只是一个进行过革命的国家。中国还有很多谜底，在官方控制之下的历史细节，对中国大陆研究者来说有些是禁区，外国学者把握的资料不如大陆，但我们也可以研究，不管大陆有没有人研究。

许：现在还有哪些（研究）特别吸引你的吗？

石川祯浩：最关心的是毛泽东，我对毛泽东本人很有兴趣。另外想了解中共党的历史认识、历史编纂、历史资料的整理，档案是如何被留下来、如何编纂、如何整理出版的。我对中共中央党史研究室、中共中央文献研究室这些地方的工作和活动很感兴趣。

许：在档案整理研究方面，俄国是否可以成为一个参照系统？

石川祯浩：不太能进行比较。延安时代包括 1950 年代初，中国参照苏联学习的东西很多，但中苏对立之后，两国的联系和关联度大大降低。所以我还是希望中央档案馆能向中外学者开放。

许：你研究中共建党至今已经多年，它是一个很有生命力的东西，你有思考过"研究"是什么吗？

石川祯浩：变。多变性，因势而变。比如说 1920 年代的中国，与 20 世纪 30、40 年代都很不一样。坦率地说，研究 1949 年之前的中国对认识 1949 年之后的中国没有太大的帮助，它们之间没有太大的关系。有一定继承的部分，中共的权威性，由一部分精英来引导人民；但党活动的原理在 1949 年前后完全不一样。因此，虽然我是研究中共党史的，但对现在中共的政治没有太多的研究。

被遗忘的启蒙

—— 黄克武教授访谈

访谈、整理：李睿毅

研究中国近代思想需从清朝中期入手

东方历史评论：感谢接受我们的采访。您是如何走上中国近现代思想史研究道路的？

黄克武：本科的时候和大家一样，接受的是最基本的历史学训练。一路通史读下来，中国通史、世界通史。因为我念的是台师大，本科毕业后当了一年老师。到硕士班要做毕业论文的时候，正好墨子刻教授（Thomas. A. Metzger）到台师大做客座教授。他教了两门课《先秦政治思想史》和《明清经济转型》，我对思想史的兴趣就受了墨子刻先生这门课的启发。

20 世纪 80 年代初期的时候，有很多海外学者到台湾讲学，比如非常有名的刘广京院士。特别是三位研究思想史的大学者：余英时、张灏和林毓生教授，这几个教授在 80 年代的台湾有不少书出版，带动了思想史研究的风潮。我的硕士论文就由李国祁教授和墨子刻教授指导，写魏源的《皇朝经世文编》，经世思想研究是 80 年代思想史研究一个非常热门的题目。我就从经世思想开始研究近代的思想，因为《皇朝经世文编》是近代思想的一个源头，通过阅读经世文编了解清初到道光年间思想的发展状况，因为清初到道光年间是近代化的酝酿时期，之后就是鸦片战争了，对那个时期的了解给我帮助很大。后来中国相当多的变化以道光年间作为起点的话可以做很多对照，所以我的思想史研究就是从经世思想开始做到晚清，再延伸到后面20世纪。

东方历史评论：大陆80年代有学者也和您有比较共同的想法，比如朱维铮先生那时也在从事清代中期"自改革"的研究。

黄克武：对，中国近代的历史和近代以前的历史是有密切关联，我们传统的历史认识以鸦片战争为中心将其一分为二。我和朱维铮先生的想法一样，要了解近代中国思想变化根源性的动力，要从鸦片战争之前做起。那时候西力东渐还不是一股压倒性强势的力量，了解那时的思想是认识中国近代变化的一个起点。经世思想和那些没有受到西力冲击的思想，是我认识近代中国思想的一个起点。其实你看啊，梁启超、钱穆写思想史，都是清朝三百年学术思想，一定要从清代初期、中期开始看。

长期以来国共两党都将梁启超置于对立面

东方历史评论：大陆学界清史和近代史的壁垒比较明显，1840年前是清史研究，之后就是近代史的范畴了。那您在近代思想研究过程中为何重点选了梁启超和严复作为研究对象呢？

黄克武：我觉得这两个人是鸦片战争到清末民初的历史中，思想最有活力又受人误解最多的。对梁启超的研究70年代已经累计了一些优秀的作品，最早是列文森（Joseph R.Levenson）的，后来有张灏和张朋园先生的，奠定了很好的基础，但也有很多值得讨论的地方。

在我那本《一个被放弃的选择》的书中，第一章就做了一个文献检讨，以梁启超的《新民说》作为一个近代思想变迁的重要文本。《新民说》大概是极少数的新知识分子必读且深受影响的文本，在晚清时候的新学青年，无论是偏左偏右，激进保守，都得承认他们受到《新民说》的影响。所以我就对文本做了很细致的分析解读，同时放在近代思想的大脉络里面来看梁启超的地位。

在近代人物中，我对梁是情有独钟啊。他的文字真的是别具一股魅力，思想很容易亲近，背后却有一股很深的东西在里面。一方面中国传统的学问他很熟悉，他和康有为读书，宋明理学的那一套非常熟悉；另一方面他能从传统中走出来，在日本的时候透过明治日本各种思想资源，吸收西方的知识，改造成近代中国一些非常具有影响力的想法。他自身就是一个结合的中心，所以有人问我近代中国最喜欢的是谁，想来想去还是梁启超排第一！

东方历史评论：大陆改革开放前对梁多持否定意见，80年代以后好很多，但也比较脸谱化，将他视为一个不彻底的资产阶级改良派代表人物，您做梁启超的年代，也就是80年代的台湾对他是如何评价的？

黄克武：两岸80年代之前都是革命史观，凡是和革命相违背的、和主旋律不同的思想人物都是"反革命"。 在大陆改革开放之前，梁启超的确一直是负面性人物，80年代后才由黑转红。台湾没有那么严重，但也有类似的地方。台湾的国民党对于立宪派一直没有好感，晚清以来立宪派就一直和国民党作对，晚清革命和立宪之争很激烈，民国成立后进步党和国民党分歧也很大。

我写过一篇小文章，梁启超过世后国民党召开了一个高层会议，讨论要不要褒扬梁启超。会上几乎所有的党国大佬都反对，说梁启超一向和本党作对，绝对不可褒扬，这就是国民党对梁启超的态度。49年后到台湾情况稍微好一点，因为蒋介石喜欢梁启超。但是呢，如果要肯定梁启超，就必须要把梁和革命绑定在一起，所以张朋园先生那本书，他要写梁启超与清季革命的原因，里面就写梁启超有大贡献，最大贡献就是梁启超的思想，某种程度上促成了辛亥革命。这是一个梁启超与革命的很好的结合点，也是他那本书能在当时台湾顺利出版的很重要的原因。在国民党的史观下，他们对立宪派人士一直有负面观感。60年代随着梁任公年谱长编初稿出版以后，带动了梁启超研究的风潮，就从史料的出版开始。从那时开始台湾就有不少有关梁启超的博硕士论文。我觉得是重新评估梁启超的很重要的原因，我对梁的研究大概是这样一个背景之下。

梁启超真的是一个蕴含丰富的矿脉，在近代那么多思想人物里面所提出来的思考，对中国传统文化、对中国走向现代、对国家构想，梁启超是最深的。

从清末到现在 100 多年来，依旧有很深刻的意义，还有很多思想资源可以挖。

严复的翻译本质上是一种创造

东方历史评论：您研究严复也是类似的同情吗？

黄克武：严复和梁启超两个人都是改良派，但思想的深度不一样。梁启超思想广博，但不深；严复专精，对现代西方学术的了解远远超过梁启超。严复到西方读书，英文听说读写都很好，是第一代对西方有深刻认识的。而且他很清楚地掌握了 19 世纪末年以来西方思想的主要动向，用很典雅的桐城派古文介绍到中国来，是非常了不起的。

东方历史评论：刚才您提到严复翻译的典雅，他提出翻译"信、达、雅"的标准，现在的研究已经表明"雅"确实做到了，但"信"似乎有所欠缺。严复是故意为之还是知识结构的问题？

黄克武：我觉得大家可以想象一下严复面临的困境，在清末的时候中文世界里缺乏相当多关键性的词汇来表达现代世界。严复刚翻译《天演论》的时候就面临缺乏词汇的痛苦，一个小小的名词，要想很久。中国传统词汇是古代思想的产物，像我们今天张口即来的经济、社会、政治在传统的词汇中都不存在。严复的使命就是尽可能的沟通中西，他也尝试创造了一些词汇来让中国人了解西方。

这样一种努力和后来梁启超的努力汇集在一起，我觉得这两个人对西学的涉及至少在晚清时代最有意思的从语言层次介绍新词汇，从新词汇介绍新思想、表达新概念。他们在那个年代引进西学的思想和努力是值得我们尊敬的，和我们今天差别很大。我们今天对西方的译介有很多现成的词汇，而且累积了一百多年的经验。回到晚清的起点，严复和梁启超都面临很多思想和语汇的挑战。

东方历史评论：现在很多人包括专业学者甚至认为严复有些译法比舶来的要好，比如"群学"。

黄克武：对，我也写过严复的新词汇与日本词汇的竞争。这些词汇的竞争不取决于本身质量的高下，而取决于文化的竞争。文化的竞争就是在晚清时候我们接受西方的东西，需要大量透过日本，而且透过日本的部分都是影响最深远的部分，包括最基本的教科书，最基本的学科参考书。这些对于语汇的形成影响最大，当基层的教育和学术发展的参考书都是从日本来的时候，就构成了一张知识的网。一个字不单是一个字，它有上游字和下游字，会构成一张词汇的网。相对来说严复是单打独斗，等于是一个人对抗这张网。梁启超所代表的"东学"的路径有如大军滚滚而来，那么多人到日本留学读书。最终翻译语言的成败其实是这样一种格局下的产物。

东方历史评论：但是除了这些技术上的、客观条件的限制，您在研究中也指出，严复无论是翻译《天演论》还是《群己权界论》，主观上对赫胥黎和密尔的东西是有所增改和选择的。他为何要这样做？

黄克武：对，翻译是一种背叛，本身就是一种和原作者的对话。严复的翻译是以桐城派的古文作为媒介，从一开始呢就具有中国文化的根基在里面。古典语言和文化是结合在一起的，当他用一种古典语言来译介西学，具有一种象征性意义——要把中国的传统和西方结合在一起。在这样的努力之下，他的翻译工作就精确性来说，一字一句比对的话肯定有差距，也是无可奈何的东西。

有趣的是，他对这些翻译的著作一方面有某种程度的误会，一方面也有对西方批判的意味在里面。误会和批判交织在一起，这是我在研究严译《群己权界论》里提出的观点，所以说严复的翻译不仅是翻译，而是一种学术创造，透过翻译来进行思想和学术上的沟通与创造。

东方历史评论：严复通过这些创造想表达什么思想？和当时中国的思潮有什么关系？

黄克武：严复在 1895 年之后的几篇文章，表达的想法是中国的失败不单是军事上的问题，有深层的文化上的因素，不能再故步自封地守住老祖宗的传统，必须要了解世界上的新学术。所以他把 19 世纪英国和当时西方最主流的想法：政治上的自由主义，经济上的亚当·斯密的资本主义，社会学说上的斯宾塞和赫胥黎的演化理论，还加上逻辑，这四个环节引介到中国来。这四个环节是一个系统，严复认为是当时西方富强的根源，反省甲午战争的失败并要超越西方的话，必须了解西方当时的主流思想。他追求富强的想法是很强烈的，要追求富强就要从了解西学开始。

严复、梁启超在富强之外，追求的是终极关怀

东方历史评论：严复很多著名的文章和译作都是 1895 年以后创作的。这是否和他早年仕途不顺转向著书立说有关？张灏先生把 1895—1925 这段时期称作"中国近代历史的转型时代"，甲午之后的历史情势对严复有何影响？

黄克武：张灏先生"转型时代"的说法是个很重要的观念，让我们了解清末民初历史的演变。这 30 年是中国近代思想的转型，但他不认为这是一段线性历史的发展，不是一帆风顺的，一步一步有计划的，而是非常复杂的传统与现代交融、矛盾的情况。张先生本身所处理的危机时代的知识分子：康有为、章炳麟、刘师培、谭嗣同和我研究的梁启超、严复，这一代士人都处于近代中国文化的转型时期，这个转型就是接引西方和维系传统的多层次交织，是属于那个时代的主旋律，也是张先生所说的时代危机感。儒学所代表的中国文化的传统能否存续下来，还是像列文森所说的儒学传统已经缺乏了活力，只有博物馆上展示的价值。有没有可能在中国传统文化的基础上走出一条道路解决近代中国思想文化的危机，这个危机的深层感受就是中国要追求富强，但追求富强之外还有终极关怀和议题。严复、梁启超、章炳麟这一代人就是在摸索这些问题。

东方历史评论：所以您认为严复的自由观不仅是一种自强保种的目的性诉求和手段，还有一种终极的关怀的成分在里面？

黄克武：我想这一点是没有问题的。严复说"自由为体，民主为用"，自由和民主在西方近代历史上本来就是非常复杂的东西。但严复的八个字非常到位，民主是程序性的东西，保障公众参与和平等，但这套程序性的东西的核心是自由，是个体解放和个性自由。所以对严复来说自由不仅仅是制度性保障的东西。大家也知道柏林的积极自由和消极自由，消极自由是权利的保障，严复其实看到了积极自由的面向，如何通过教育使自己成为更好的个体。他同时看到了自由在这两方面的意义，而且积极自由的那部分有更深层的意义。

东方历史评论：您的这个看法很重要，很多人不否认严复的思想对近代中国的进步产生非常深刻的影响。但也有主流观点认为他到晚年趋向保守，和袁世凯关系很密切，甚至参加的鼓吹帝制的筹安会，而史华慈（Benjamin I. Schwartz）教授的解释则认为严复的非常复杂，类似于一种两面人的情况，您是怎么看这个问题的？

黄克武：这部分是严复研究的一个核心议题，第一个就是从早期激进到晚年保守，第二个就是他思想里面中西之间的思想到底是什么，追求富强与终极关怀究竟如何结合到一起。有很多种解释，最简单是一种解释当然说他是矛盾的，李泽厚先生说他早年激进，晚年又被"封建的力量所吞噬"，重新回到了传统。我觉得这些都太简单了。

严复晚年的保守和回到传统有很深的西方根源，他回到传统是因为西方使得他回到传统，也跟他保守主义的政治哲学，对斯宾塞演化理论的理解是联系在一体的。这和萧公权现实研究康有为很类似，康有为也是早年激进晚年保守，萧先生的解释不是康有为变了，而是时代变了。清末的时候社会保守，康有为的思想显得激进，民国初年以后思想激进了，康有为就显得保守，真正变的是时代。

这种解释也可以用到严复身上，严复是一个缓进阶段论者，反对激进的变革。他认为人类社会是慢慢演进的，反对卢梭式的那种激烈地与社会决裂的做法。他在清末民初走的都是阶段渐进的路子，这条路使他认为中国从帝制走向共和的过程应该有一些比较阶段性的改变，从帝制到君主立宪，从君主立宪到共和，觉得辛亥革命激烈的变化对共和转型是有害的。事实也是辛亥革命虽然成功推翻清朝，建立共和的政体，但共和的问题才刚开始展现。共和的转型一直有梁启超、严复担心的问题，一直到今天共和体制实施的问题都是很多当年严复、梁启超所看到和预见的。

东方历史评论：所以说严复晚年所谓的转向并不是拥抱原来的传统，而是基于中国的现实情况和对西方思想资源的了解，比如他将卢梭（Jean-Jacques Rousseau）和密尔（John Stuart Mill）的自由观作了区分，是否也有这方面的原因？

黄克武：严复的晚年确实蛮复杂的，我最近也在研究他晚期所谓的保守思想。我觉得严复是汲取了西方另一条西方的启蒙资源，这条启蒙资源和胡适、陈独秀那套具有科学主义性质的资源是不一样的。他看到了更为复杂的科学与宗教之间的关系。这也回到了他思想的终极关怀部分，除了富强之外，正是他对终极关怀深刻的体认，让他接引了一条近代中国史上另一条启蒙。高力克先生将之称为调适的启蒙，从严复、梁启超到杜亚泉就代表了调适启蒙的道路。

我觉得调适启蒙的说法解决了史华慈提出的两面人的问题，严、梁这些思想家不觉得思想中存在工具理性与价值理性的背离，对他们来说尝试解决的是中国传统到现代过程中，一方面能够解决工具性理性，就是用科学和民主解决实际上的问题；另一方面用一种终极关怀的方式。只能说他们和主流的胡适、陈独秀的"五四"启蒙的不同思考方向，不能认为他们是充满矛盾或者是两面人的说法，其实他们是有内在的一以贯之的。

追求国家富强的同时不压抑个体自由

东方历史评论：这么看来非常可惜，严复、梁启超是20世纪初年思想界影响最大的人，但他们所代表的启蒙路子完全被另一条所压倒，没有延续下去，直到今天的中国似乎依旧如此。

黄克武：所以他们的思想是一条被放弃的选择。不能说完全不存在，但和主流的论述完全不能匹敌，最多只能算是"潜伏的低音"吧，用王汎森先生的说法。不过这是我们中国思想的一个非常重要的资源。

我这么多年来研读梁和严，他们的路数不是完美无缺的，也有这样那样的不足，但相对来说是缺点比较少的。因为一方面他们接引了中国的传统，他们不认为中国问题可以用切断传统，拥抱西方来解决，所以他们不断思索怎么把中国传统与西方民主科学结合在一起。另一方面呢他们在某种程度上既有儒家精神的存在，就是对于个体和自我的强烈的肯定，他们对传统的接引使得面对救亡和启蒙的难题上可以有新的思索方式。李泽厚先生"救亡压倒启蒙"是个重要的命题，近代中国看到国家的衰亡愿意放弃个体自由去拥抱群体利益是很流行的想法。但在严复和梁启超调适启蒙的路数里，他们对群己问题有一种源自于传统的看法，从梁启超的角度他希望建立怎样保证在体制之下既追求群体利益的发展、救国这样的问题，又不至于因为群体和国家压抑个性和个体，这其实是一个很严肃的课题。

这也是 1949 年之后知识分子面临的一个问题，杨奎松先生在《忍不住的关怀》里也提出过。1949 年之后这些知识分子看到新中国的成立而感到自卑，因为他们一辈子追求的救国理想没有成功，而是中国共产党实现了这个理想，杨教授从政治史的角度提出这个问题。他觉得这群知识分子在自卑感之下，"忍不住的关怀"和对于爱国的热忱让他们自愿改变思想，接受党国体制的改造。这是 20 世纪一个大的问题。它的背后就是群己怎么安排的问题。中共思想的路向当然与严复、梁启超的想法是不大一样的，但我们今天重新去思考群己问题的时候，严复、梁启超接引中国传统基础上所提出的群己关系的思考应该能让我们某种程度上去构想群己合适关系的思想资源。我不知道这套思想资源有没有力量去抵抗集体主义，但它是非常宝贵的。如果我们要把启蒙的价值或个体自由当作价值来说的话，用什么样的自由去抵抗集体主义对个性的摧残和压迫，是近代史上一个核心的问题。

东方历史评论：这样看来新儒家是否也和他们有一脉相承的地方？

黄克武：没错，梁启超绝对是新儒家的鼻祖。

东方历史评论：新儒家似乎没把他当鼻祖。

黄克武：他确实是没有成为公认的鼻祖，但他们的想法可以在梁启超和梁漱溟的思想上找到根源。梁启超和梁漱溟都是到过欧洲后看到一次大战残破的反省。这个反省就是西方提出的所谓科学民主就是如此美好和没有缺点的吗？第一次世界大战至少显示了西方文明具有让人类文明自我摧毁的危险性存在。梁从巴黎和会后思索的一些问题和后来新儒家想法很重要的相似点就是，如果西方思想有问题的话，那么可否在东方思想中找到资源，让西方文化的主流论述能够有一种新的文化上的选择。

所以 1923 年的科玄论战在近代思想上是很关键的讨论，基本反映了所谓的科学主义派对中国的构想，与梁启超、张君劢这些被他们称之为玄学派的人物的观点。当然用人生观派来称呼他们更恰当一些，梁启超不会认为自己是玄学派。从那时就开始思索与新儒家很相似的命题，就是如何接引科学民主。实际上新儒家和"五四运动"的那些人在认同科学民主上是没有疑义的，大家不要认为新儒家反对科学和民主。他们也认为科学和民主是中国的必需，他们和"五四"那些人争论的是科学和民主是否一定要反传统，我想就是这样一个命题。

后来的唐君毅、牟宗三，特别是牟宗三的《政道与治道》就是中国传统开出新外王的可能性，这个构想就是从梁启超开始的。事实上唐君毅、牟宗三、贺麟这些新儒家在学脉都是近代中国思想上的陆王学派，就是从康、梁开始的。

东方历史评论：确实是归类也很奇怪，大家都公认张君劢是新儒家的开创代表性人物。张君劢是梁启超非常有名的弟子，但新儒家就把梁任公给排除掉了。

黄克武：对，所以我觉得任公的思想非常有意思，每次读他的书都有很深层的感受。他看到了中国文化很多核心的问题。

东方历史评论：大陆今天也有新儒家，但他们接续的路子好像歪掉了。

黄克武：对，有点歪了。尤其是儒家宪政主义引起很多争议。这就是近代思想文化有趣的地方，挺多元的。

"五四"反而把路走窄了

东方历史评论：思想多元总比定于一尊好。甲午后大家对学西方没有争议，但我看您书中有这样一个细节史实，就是孙中山和严复讨论中国的道理，严复说要靠教育，孙中山的意思那要等到猴年马月。那您怎样看到晚清最后十年思想界的变动？

黄克武：晚清十年是一个非常丰富的时代，王德威提出过一个命题"没有晚清，何来'五四'"。一方面他的意思是"五四"是从晚清出来的，另一方面其实晚清的复杂多元和开拓性远远超过"五四"，"五四"反而把路子走窄了。他是从小说史的角度来看，我想放到思想史也是这么一回事。晚清的时代就思想文化来说是开放多元的，蕴含着未来中国相当多的不同的可能性。从政治史的角度来说晚清当然是一个朝代的衰微，事实上晚清具有相当的思想活力。

我们在看晚清的时候往往还是从革命史观，把清廷的改革和立宪派的追求加以扭曲，这是蛮可惜的。除了后面成功的革命党之外，历史进程中很多人都付出了不同的心力，不应该从最后历史的结果否定前面。王德威的说法可以让我们重新审视晚清的多元性和蕴含的更多的思想资源对于我们追求现代的启示。

photo │ 影　像

回访重生厂

摄影、撰文：高远

我从不畏惧死亡，直到我真的面对那些用天数计算生命的人。

这其实算是句后话，2006 年 11 月份接到任务说是要去往云南思茅拍摄艾滋病感染者的时候，我和晏礼中（同行的文字记者）都异常兴奋。关于中国艾滋病患者的影像，我的记忆还停留在卢广拍摄的有关河南新蔡那些因非法卖血而大面积感染致死的艾滋病患的生活上，那也是高耀洁女士曾工作过的地方。那些影像残酷、漠然，背负了人性中最为虚弱和冷硬的部分，像一场早已失控、堕入深渊的噩梦，真实地发生在这片土地上。兴奋的原因是因为题材的危险，彼时，我俩都是背负人文理想的热血青年，梦想为这飞速流逝的年代留下印记。越是靠近危险，肾上腺越是活跃。就这样，只是买了足够多的胶卷塞满防辐射的铅袋后，便登上了飞往云南的飞机。

思茅地处中缅边境，也就是金三角的北面，毒品泛滥。主人公叫李继东，警察子弟，其父是思茅第一任禁毒大队大队长，威震中缅越边境。继东却先天性心脏病做不了警察，便经商多年。随着当地艾滋病患人数激增，治安恶化，李继东凭着一股子执拗劲自费组建了重生厂艾滋病患者关爱中心，把这些被监狱看守所医院遗弃的极不安定的艾滋病感染者统一集中管理。那时，我们去的就是这个重生厂，建在一个远离市区的高架桥下。学员们（感染者的统一称呼）正在盖房子，一百来号人，砌砖的砌砖，上梁的上梁，我拍了很多劳动的照片，也给很多学员拍了肖像。之前担心刺激到他们，我还特意带了一个宝利来相机，拍出来一张就送给他们一张，很快就相处的很融洽了。但吃饭的时候，东哥还是叫走我们跟他一起吃。东哥那时很神秘，跟我们说他掌握了提高免疫力的方法，我们问是啥，他说就是喝普洱嘛，都不用吃抗病毒的药，我们就哈哈笑。

那几天晚上，东哥总是安排晚会，学员们围成个圈圈，一起唱佤族的民歌。没有篝火，只有高高的路灯。我突然听出来这就是"天下没有不散的宴席"的前奏，感叹不已，不免流下泪水。几天的拍摄很快过去了，我尽力留下些欢乐的影像，每个人都坚强地笑着。有些学员还恋爱了，镜头里就出现了一对对的恩爱的笑容。用精神对抗死亡，这就是 26 岁时我的想法。

十年过去了，我和晏礼中又来到重生厂做回访，去看看现在的东哥和幸存的学员生活得怎么样。重生厂从思茅市搬迁到了澜沧县，条件很好。原先的一百来号人只剩下二十几号了，大部分都去世了。那时特意拍摄的朋友有一些还活着，大眼仔啊，小普洱啊，我给他们看十年前的照片，他们看着逝去的人会说，噢，这个走了，那个也走了，话语很平静。他们在会议室里建了一个小小的灵堂，上面写着每个去世的人的名字，还写着"兄弟姐妹们，一路走好"。

我带了整套的闪光灯系统，给我认识的朋友们拍照，给他们留下最传统最结实的黑白照片。这些照片都会打印出来，寄回给他们，就当最好的遗像。临走的时候，东哥跟我们说，你看，小高，你拍的那个腾敏，十年前我们一起吃过饭的，我看她的气色也快不行咯。我抬头看了一眼，腾敏和她的新男朋友依偎在二楼栏杆上，朝我们挥手告别。

我在想，如果我患了病，会如何面对死亡？这死亡再也不像既定的那样经过衰老的过程，而是可能会突如其来，让你在最壮年的时候逝去，而这缘由可能是一次貌似平淡的性或者一次不可控的感染。这个浅表的和谐下危机四伏，充满不确定性。死亡如果变得可以精确计算，那么承受的人多半会崩溃吧。死亡之痛，莫过于生者。

所以，再见吧，大眼仔，小普洱，腾敏，小巴度……一路走好。

十年前合影

十年后合影

合影

巴度离开

弹琴人十年前

"弹琴人"十年后

高个帅哥十年前

高个帅哥十年后

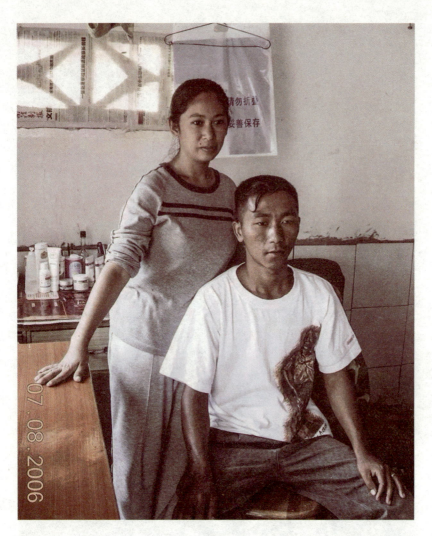

07.08.2006

腾敏十年前和老公

腾敏十年后

"小姑娘"十年前

"小姑娘"十年后

"小普洱"十年前

"小普洱"十年后

已去世 01

已去世 02

已去世 03

已去世 04

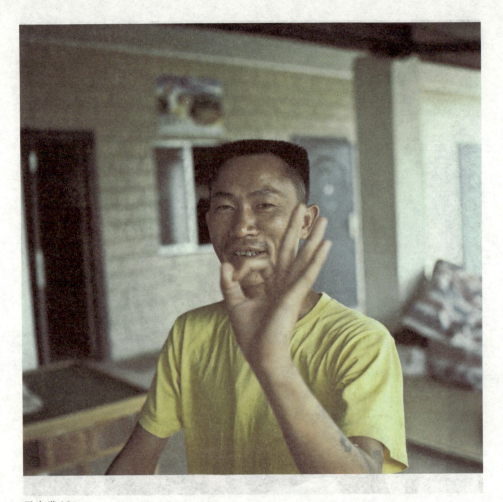

已去世 05

重生厂创办人李继东 2016 年

essay ｜ 随 笔

缅甸：远去的背影

撰文：马勇

缅甸属于东南亚国家，西南临安达曼海，西北与印度和孟加拉国为邻，东南接泰国与老挝，东北背靠中国，位于云南永昌府腾越边外，与顺宁、普洱诸边接壤。缅甸是中国通往印度洋的一条捷径。

缅中交往具有悠久的历史，有长时期的"胞波"（兄弟）情谊。

清顺治十八年（1661），李定国挟明桂王朱由榔入缅，诏公爱星阿偕吴三桂以兵万八千人临之。李定国走孟艮，不食死。缅酋莽应时缚由榔以献，遂班师。缅自是不通中国者六七十年。

雍正九年（1731），缅与景迈交哄，景迈使至普洱求贡，乞视南掌、暹罗，云贵总督鄂尔泰疑而郤之。缅密遣人至车里土司，探知景迈贡被却，则大喜，扬言缅来岁亦入贡。旋兴兵二万攻景迈，而贡竟不至。

十八世纪末叶，中缅因边界、资源发生冲突。这场战争断断续续打了好多年，后因清朝与南亚诸国宗藩关系调整，中缅渐渐重建和平。乾隆四十三年（1778），先前被缅甸征服的暹罗遗民起兵逐缅人复国。五十一年（1786），乾隆帝诏封郑华为暹罗国王。缅甸于是面临与清朝、暹罗两面作战的问题。五十二年（1787），缅甸王朝发生宫廷政变，老国王四子孟云继位为国王。"孟云深知父子行事错谬，感（清朝）大皇帝恩德，屡欲投诚进贡"，借此机会，孟云遵照古礼进表纳贡。乾隆帝允其所请，中缅关系迅即改善。

乾隆五十四年（1789），孟云遣使贺乾隆帝八旬万寿，乞赐封，又请开关禁以通商旅，帝皆从之，封为缅甸国王，定十年一贡。自是西南无缅患，"边境宁谧，裁撤云南驻边防兵。"[1] 中缅关系进入常态。

然而好景不长，由于西方殖民主义在南亚扩张，缅甸迅速成为英国殖民者觊觎的对象。中缅关系注入了新因素。1817–1818 年，英国通过战争征服了印度中南部。1819 年，占据新加坡。

英国在南亚、东南亚扩张时，早已将缅甸视为必须控制的目标，因为缅甸位于中印两个大国之间，并且横亘在英属印度与马来半岛间。在英国人看来，控制了缅甸，不仅有利于巩固英属印度，而且可以把英国在东方的殖民地连成一片，进而打开中国大门。所以从乾隆六十年（1795）开始，英国东印度公司在十几年时间，先后向缅甸派遣六次使团，希望以和平手段诱使缅甸打开国门。

缅甸是一个农业国家，统治者并没有很快理解英国工业品进入的意义，更不知道商业革命、产业革命，因而也就没有接受英国人的劝诱。在这种情形下，英国殖民者改变手法，开始支持逃入英属印度的阿拉干人进行反缅活动，利用他们与缅甸统治者的矛盾，在缅印边界制造事端，寻找武力进入缅甸的理由。

当是时，缅甸虽失暹罗，国势犹胜。其疆域南尽南海，北迄孟拱，西包阿拉干，东联麻尔古。又有掸人之地环其东境，旧称九十九国，多为领属，地广兵强，为南亚诸国霸主。道光三年(1823)，缅人攻守岛英兵，英以众寡不敌而溃，亡数人。英人来责言，缅置不答，益轻英。

次年（1824），英印当局以缅甸军队进攻和杀害他们在刷浦黎岛守军为由出兵伐缅，发动了第一次英缅战争，双方动用庞大军事力量，英印军队前后投入战斗有四万人，缅甸参战人数更多。

第一次英缅战争进行了差不多两年时间，英印军队付出了惨痛代价，但最终还是征服了缅甸。1826 年 2 月 24 日，缅甸在首都即将沦陷危急关头，不得

---

[1]《宫中档乾隆朝奏折》辑七十三，213 页。

不接受英印当局的城下之盟，割地、赔款、驻使、开放港口。[1] 其内容、意义、作用，均与十六年后中英《南京条约》相似，缅甸统一、主权受到极大伤害，西方因素由此进入缅甸。

缅甸的一部分成为英国殖民地，不过缅甸并没有因为这些变化改变与清朝的宗藩关系，修职贡于中国如故。咸丰三年（1853）十一月，罗绕典奏缅国贡使入京，请变通办理。帝谕军机大臣曰："朕念缅甸国王久列藩封，贡使远道输诚，具徵忱悃。惟其国贡使向取道贵州、湖南、湖北进京。现在粤匪未平，若令绕道而行，殊非所以示体恤。即传旨其使臣，此次无庸来京，仍优予犒赏，委员护送回国。"[2] 此次朝贡因太平天国战事正烈而暂停。

光绪九年（1883），法国由南圻向北圻进军，试图殖民全部越南，"暹罗亦命官分驻老挝土酋各部，英据南缅既久，洞知上缅宝藏之区，甲于南海，且虑法人由北圻西趋，蔓及缅甸。"英国人担心法国在越南得手后必然顺势进入接壤的上缅甸地区，并进而像法国人进入南圻、北圻那样，最终吞并，成为法国人的殖民地。而且，据报由于英缅战争导致两国关系严重挫折，缅甸政府有意联合法国制衡英国。基于一系列担忧，英国政府决定先发制人。

1885 年秋，英国一家贸易公司因偷运"柚木"遭到缅甸政府二百三十万卢比处罚。印度总督向缅王提出交涉。10 月 10 日，缅甸拒绝印度总督调解条件。这只是一个纯粹的经济行为，却被英国政府用作战争理由。10 月 22 日，英国印度总督向缅甸政府发出最后通牒，要求缅甸将木商案交付仲裁，允许英使驻扎缅京，全面管理缅甸外交。

其实，驻英公使曾纪泽预感中缅关系前景不妙，可能随着越南变局而变化。光绪十年（1884）当中法交涉未完时曾纪泽就提醒朝廷，缅甸王昏国乱，华人据八幕，似宜招降，扩界固圉。所以当印度总督向缅甸发出最后通牒，要求监管缅甸外交事务时，曾纪泽于光绪十一年九月十四日（1885 年 10 月 21 日）致电总理衙门，通报情况并提出建议："英久占南缅，今图其北，防法取也。

---

[1]《清史稿》卷五百二十八；列传三百十五"属国三"。
[2]《清史稿》卷五百二十八；列传三百十五"属国三"。

泽意宜自腾越西出数十里，取八幕，据怒江上游以通商，勿使英近我界。今英尚未取缅，倘能以口舌得八幕尤佳。署意倘同，泽即开谈。"[1] 曾纪泽没有为缅甸争权利意愿，但他希望在英人还没有占领缅甸时，让中国利益最大化，将靠近中国的八幕即新街拿下，开为通商口岸，成为未来英属缅甸与中国缓冲地。

对于曾纪泽的建议，朝廷由于不太了解情况，因而并没有迅即表示同意或不同意。九月十七日（10 月 24 日）总理衙门电示曾纪泽："今该大臣所奏仍循前说，究竟八幕坐落何地，与新街是一是二？其中有无野人间隔，此层最关重要，不可讹误，著访明电奏。"[2]

清政府对缅甸基本情况并不了解，不希望深度介入英缅关系，因为中国此时需要处理的外交危机实在太多，越南交涉尚未结束，朝鲜危机又起。清廷不希望多头分心。如果此时贸然与英国政府交涉缅甸事务，反而可能启其进军缅甸之心。清政府一方面指示曾纪泽在伦敦与英外交部交涉，另一方面让总税务司赫德出面与英国人进行私下接触，实行"二轨外交"。九月十九日（10 月 26 日），赫德密电伦敦金登干："中国方面近来暗示，如暹罗照旧进贡，中国将保护它不受法国侵占。缅甸从前按时向中国进贡。法国可能劝暹罗向中国进贡，借此引起中国对暹罗事务的干预，请你务必小心提防，无论想怎么办，都请迅速下手以免引起纠葛。鼓励进贡，以使中国出头为所受各种侵凌表示反对，是否合宜？但这样办也许会影响到西藏边界，这是一个政策问题，对于英国极关重要。"[3] 法国在暹罗的做法启发了赫德，赫德建议英国不妨参照进行，不过，赫德也预估这个政策可能会有负面作用，很可能会影响英国在西藏的战略。

总理衙门通过曾纪泽进行交涉，希望达成的目标是维护中国对缅甸的宗主国地位；而通过赫德的二轨渠道所要达成的目标，至少是赫德理解的目标则是尽早和解。九月二十四日（10 月 31 日），总理衙门王大臣问赫德："缅甸究竟是怎么一回事？我们听说英国已提出最后通牒，并准备进兵。缅甸是我们的属

[1] 《英使曾纪泽致总署英取缅北我宜取八幕电》，《清季外交史料》卷六十一，16 页。
[2] 《1885 年 10 月 24 日（光绪十一年九月十七日）总理衙门致曾纪泽电》，《中国海关与缅藏问题》，3 页，北京：中华书局 1983 年。
[3] 《1885 年 10 月 26 日北京去电第二九一号》，《中国海关与缅藏问题》，4 页。

邦，中国有宗主权，将不得不干预，但英国是我们的友邦，我们希望友好解决，因此我们愿意先做准备，如能事先防止纠葛，岂不比纠葛发生以后再设法补救更妥当。我们不愿经由曾侯或北京英使馆探寻意见，怕前者会造成困难，而后者会造成外交上的疏隔。请由私人方面先探明缅甸究有何过失，英国愿取得什么补偿，以后如有必要，我们再正式解决。"赫德闻言之后的感想是："以上是王大臣所说的大意，北京原有使馆，我本不愿意接触这项问题，现既经总理衙门提出，特为转达，王爷的神情和语气十分和平，再三着重地说英国是我们的友邦。在现阶段中，最好不经过官方，先由我以私人途径安排解决。我相信可以取得友好谅解。在此以后再由官方正式进行。"[1]

其实，赫德并没有真的摆脱官方渠道，他所要交涉的对象必须是英国外交部，因此他很快将中方委托这件事告知英使馆，并同时通知在伦敦的助手金登干："我适才拟好292号关于缅甸问题的电报。法越事件才告结束，我们又碰上了英缅纠纷要处理。我自己宁愿不去碰此事，我既不好管闲事，喜欢干预，也不愿意沾手别人的事情或做别人的工作，但是王爷——他为人很好，对英国十分友好——叫我想法与英国取得友好谅解，以免经过官方途径冒谈判破裂的危险。幸而欧格讷是我的知己好友。"[2]这里的王爷，就是此时负责总理衙门对外交涉事务的庆亲王奕劻，庆亲王认为，为了大清帝国的体面，诸如缅甸、越南这些属国前途的交涉，最好不要经过官方，至少不要一开始就由官方出面。特别是，鉴于中法越南交涉，中国官场普遍认为曾纪泽受主战派影响太大，在对法交涉时不适当地选择了过于强硬的立场，激怒法方，从而使中国一再陷入不利状态。

九月二十七日（11月3日），赫德通过金登干向英国外交部常务副大臣庞斯福德提出解决方案[3]："中国必定出面干涉缅甸问题。我想到两条可能解决的办法：（1）由中国命令或强迫缅甸提出赔偿，以解决目前问题；（2）英国如听

[1]《1885年11月1日北京去电第二九二号》，《中国海关与缅藏问题》，8页。

[2]《中国海关密档》卷四，212页。

[3] 庞斯福德为英国外交部常务副大臣，是外交大臣格兰威尔的心腹，在赫德与金登干相互之间密档中，一般使用"速变"隐语替代。见《中国海关与缅藏问题》"编者注"，4页。

任缅甸维持现在地位，继续致送所谓十年一贡的礼物，中国或可听英国采取任何行动。中国方面自然愿意采用第一项办法，如您接受，您或可使中国的行动，看上去像是要以最后通牒相威胁的行动。我自己愿采用第二项办法，我认为它对中国很稳妥，而对英国是有利的。如您认为事情已发展到无法缩手，不愿采用第一项办法时，我想我或可安排第二项办法。所谓'进贡'现在不过是等于一种实物租金，英外交部愿采哪项办法？或另属意其他办法？但有一件事是肯定的，如英国派兵入缅，中国也必将自云南进兵，发生冲突的结果，必将使中国衔恨英国比憎恨法国还厉害。"赫德希望英国为中国留足面子，也希望中英两国不要因为缅甸未来而太伤和气。

　　赫德毕竟在中国时间已经不短了，朝野各界也都有些朋友，对中国关切已相当理解，他举出中国与暹罗的朝贡关系，以为确实希望恢复保持朝贡关系，但这种关系并不是西方近代意义上的殖民，所以中国政府尽管期待与暹罗恢复朝贡关系，但也只是这样告诉暹罗："如果恢复进贡，我可以为你主持公道，如不来贡，只好任你受他人欺侮，贡与不贡可自选择。"赫德判断，鉴于法国的行动与野心，暹罗为了保障自己的将来，向中国进贡是比较安全的办法。"进贡不过是承认中国的宗主权，在和平的时候，不致干涉它的内政，而在战争之时却可取得援助。"[1]赫德对东方宗藩体制意义的理解是对的，他希望维持中缅朝贡关系，也希望英国在中缅两国利益最大化。

　　"二轨外交"在英国外交圈子也引起一些困扰，英国人很难理解将如此重大的国家利益交给私人利用非官方渠道去处理，更何况中英外交关系并没有中断，不论是伦敦，还是北京，双方外交官都在尽心尽力。庞斯福德对赫德是否真的获得授权表示怀疑，因为驻英公使曾纪泽以及中国使馆雇员马格里一直就此事与英外交部保持沟通。庞斯福德不愿接受由中国劝说缅甸道歉了事的建议，他的理由只是基于这样的事实："缅王简直是个魔王，他残杀自己的亲属，暴行种种，并多方侮辱英国，对孟买缅甸的贸易公司的行为又如此无理，迫得英国非与他算账不可。"对于这些情况，中国方面似乎完全不知道。

---

[1]　《1885年11月3日北京去电第二九三号》，《中国海关与缅藏问题》，9页。

对于中方突然提出的朝贡关系，英方也表示惊讶。11月4日下午，庞斯福德通过金登干转告赫德，"英国外交部和印度事务部都不知道像现在提出的中国与缅甸有宗藩关系，而此点突然地在最后一刻向他们提出，是他们很诧异。如果他们六个月之前知道此事，他们必定会与中国商量，但现在为时已晚，他们没法召回已经组建了的远征军。他们必须执行业已提出的最后通牒，缅王如果坚持执拗，就必将受到膺惩，否则英国岂不为全世界所讪笑。他们将尊重中国在缅甸的权利，以后也将欢迎中国的合作。至于吞并，他认为这或者是不必要的，但也许会行使一种保护关系。"[1]

不管是官方渠道，还是赫德开辟的第二管道，英国此时都没有与中国开展谈判的计划。一方面因为中方提出宗藩关系太迟，英国人没有反应过来；另一方面英缅交涉并不顺利，缅王无法满足英国的要求，"缅王的复文饱含敌意，英军立即推进。"[2] "英牍有印度可管缅政一层，缅复文云此夺缅自主权，须德法俄美允准，未提中国。"[3] 英国队缅甸队军事行动一刻也没有停止，而且也根本无法停止，他们一定要惩罚缅甸国王。

中国政府既然提出了交涉，英国政府在开展军事行动时也不能完全无视中国的存在。11月9日，英国外相沙里士伯勋爵在市府大厦发表关于中国和缅甸的演说，宣布"我们相信，在缅甸的军事行动中，我们已完全承认大清帝国的全部权利，我们的一切措施，必将先取得中国的同意和友谊合作，对中国的友谊我们是一项高度重视的。"[4] 英缅战争打响。

当英国远征军向缅甸进军时，总理衙门迅即意识到问题复杂性。11月13日，赫德在总理衙门与中国大臣讨论英缅战争对中国的可能影响。总理衙门大臣说："英国军队现既难撤回，英国的条件又不是我们所能劝告缅王接受的，如我们正式干涉，只能增加新的纠葛。因此我们授权给你去设法暗地解决，我们随后再来公开，给予英国以它所要的，也要给中国以它所要的。并且永远关

[1] 《1885年11月4日下午11时伦敦来电第五三八号》，《中国海关与缅藏问题》，11页。
[2] 《1885年11月9日伦敦来电第五四四号》，《中国海关与缅藏问题》，17页。
[3] 同上。
[4] 《1885年11月10日下午2时15分伦敦来电第五四五号》，《中国海关与缅藏问题》，17页。

闭第三者想在那里插手的门路。"[1]

获得总理衙门授权,赫德提出了一个解决办法。这个办法是签订一个协定,条款如下:"大清国大皇帝、大英国大君主,以缅甸位于中印之间,为中国的属邦,印度的邻国,为辑睦两国邦交起见,兹特议定如下:第一款:英国应允缅甸得按成例每届十年向中国进贡,中国应允尊重英国与缅甸所成立一切条约等。第二款:中国应允于中缅边境(即云南边境)选择一处地方开放对英贸易,其通商税则与其他沿海各口无异。英国应允该处进出口货物均按同样货物在通商各口应纳税则交付关税。本约应立刻换文批准,于一年内生效。"[2]

赫德希望继续维持中国属国体制,同时并不影响英国在缅甸的利益。但是英国政府此时已有进无退,英缅矛盾,特别是英国对缅王的厌恶已到了极点,非除之而不可。所以战争进展左右了外交,当英军迅速推进时,没有人静下心思考赫德方案的意义。11 月 23 日,英军占领缅甸故都阿瓦。25 日,抵达缅京蛮德勒。稍后,拘捕缅甸国王锡保。

英军在战场上的神速打碎了赫德的计划,"英国正式吞并了缅甸,再向中国进贡是绝对不可能的。"[3]英国外交部已不再将赫德这条私人渠道作为重要线索。11 月 26 日下午,庞斯福德与赫德在伦敦的助手金登干会面,他似乎很失望地告诉金登干,赫德所提出的那些方案可能已成往事,"在目前的情形下可采取的最好办法,是将交涉全部移到北京,由印度政府派专使与中国政府商谈。"[4]至于中国在缅甸的权利,英国政府都将予以承认。

英国吞并缅甸的决定使问题突然复杂化。既然吞并,成为英国殖民地,由印度总督管辖,缅甸还怎么可能向中国进贡呢?缅甸不再向中国进贡,就意味着中国宗主权的丧失。中国如何接受这个结果呢?赫德通过各种渠道重申他的论点:"如果继续进贡,中国就不会干涉;征服者可以无视事实,但不能无视中国;纳贡本身并没有什么价值,但是,骄傲的中国宁可为了她的特权发动一

---

[1] 《赫致金第 298 号 11 月 14 日晚 10 时 30 分》,《中国海关密档》卷八,514 页。
[2] 《赫致金第 299 号 11 月 15 日下午 7 时 30 分》,《中国海关密档》卷八,515 页。
[3] 《中国海关与缅藏问题》,40 页。
[4] 《中国海关密档》卷四,244 页。

场没有希望的战争，也不愿意毫不努力地放弃；即使他不投入战争，争取在中缅边境发展贸易的希望也只能落空；战争的谣言到处传播，中国干涉或者外国介入的可能性在增长，但这种危险可以通过抓住眼前这个机会，迅速、和平地解决问题而得以避免；提出的暂定条约是综合的，能使英国既达到目的，又保住与中国的友谊，放弃的只是影子。如果英国人觉得'进贡'刺耳的话，可以找个中国人觉得适宜、英国人也认可的词来代替。赫德急切于确保承认中国的（宗主权）要求，甚至提出可以设立一种新的，或有限的吞并形式，也就是，宗主国中国可以授权英国按照与以前的统治国家相同的条件来治理藩属国缅甸。如果这个建议得到采纳，缅甸将成为一种世上罕见的政治实体。"[1] 赫德希望保住中国宗主国面子，也让英国获得实际利益。

赫德的方案，确实体会了中国的难处、痛处，曾纪泽在此次交涉之初建议不要提及中缅宗藩关系，他的理由就是交涉不理想有损国威，伤害体制；接着不理想的交涉结果继续用强力去解决，去争取，则容易使国家陷入中法战争式的覆辙。但决策中枢并不认同曾纪泽的立场，而是愿意接受赫德的方案，从宗藩关系切题。现在，结果出来了，曾纪泽不幸而言中。

英国已吞并了缅甸，缅王也已投降，中国已不存在调停英缅关系的空间。在这种条件下，曾纪泽能想到做到的，就是让中国利益受损最小。十月二十六日（12 月 2 日），曾纪泽电总署："泽意请英以八幕为我之商埠。彼灭缅，我占八幕；彼保护缅，我保八幕。倘英不允，我即具牍云英占我朝贡之邦，我甚惜之，但不欲失和，俟后再论之。即前数年函电所云普鲁太司特法也。彼平缅而我不认，不与议云南商务，彼惧有后患，或易就范。俟示乃开谈。"[2] 在英灭缅甸无法挽救前提下，曾纪泽力主占据八幕，以为华商埠。这当然不再有宗主国担当，而有与英国瓜分缅甸的意思了。

对曾纪泽的建议，总理衙门的指示是："前点英允共商善后，此时宜先照会外部，云缅甸无理已甚，英伐之固当，但究系中国贡邦，此后英拟如何之处，

---

[1]（英）魏尔特：《赫德与中国海关》下，162 页，厦门大学出版社 1993 年。
[2]《使英曾纪泽致总署请英以八幕为华商埠候示电》，《清季外交史料》卷六十一，37 页。

全看其作何答复。至开谈，须以勿阻朝贡为第一义，但使缅祀不绝，朝贡如故，于中国便无失体。八幕通商，宜作第二步办法。"[1]

清政府已清楚缅王度不过这一关，英军伐缅也无法阻止。但是，清政府、曾纪泽不知道的是，英军迅速推进，继续保留缅甸的主权与完整已成问题，甚至，英外交部对中国是否享有缅甸宗主权，也开始怀疑。十一月十六日（12月19日），曾纪泽致电总理衙门，要求提供乾隆年间赐给缅王金印式样、年月、印文等证据，以证明中缅存在宗藩关系。[2]二十日（25日），总理衙门给予答复，并详细描述了乾隆五十五年颁给缅王的金印式样。[3]

曾纪泽、总理衙门积极论证中缅宗藩关系，期待即便英国占领了缅甸，也一定会同意缅甸继续向中国进贡。只要缅甸进贡，大清帝国的面子无损。此事就可以不了了之。然而在第一线作业的外交官曾纪泽很不乐观，十一月二十四日（12月29日）致电总理衙门："英节略云：缅事须谨慎，除废缅今王外，他事难遽定，请华举出上邦证据，并陈华予缅之权利，以便熟商。"[4]

总理衙门除了继续提供缅甸为中国属国的证据外，也似乎预感此事将有变数。同一天（十一月二十四日，12月29日），"旨电曾纪泽：缅十年一贡，载在会典。光绪元年以前无爽期。此属国确据。缅以西南地让英，未告中国。近复文不提中国，实自外衅蘖。面前阻英责缅，两难措手。英允商善后，是否意在八幕通商，宜及早预筹应如何向英措辞，希酌议。"[5]

然而，根本没有来得及与英国交涉，英国外交部在同一天（十一月二十四日，12月29日）令驻北京使馆照会总理衙门，宣布自公元1886年元旦（十一月二十七日）起，英国合并缅甸。

十一月二十七日，即西元新年元旦，英国印度总督如约宣布缅甸合并于印度，成为英国殖民地。第二天（1月2日，十一月二十八日），曾纪泽向英

---

[1] 《使英曾纪泽致总署英俟印督到缅始决存灭办法电》，《清季外交史料》卷六十二，27页。
[2] 《使英曾纪泽致总署询乾隆时缅王金印式样电》，《清季外交史料》卷六十二，29页。
[3] 《总署致曾纪泽说明缅王金印式样电》，《清季外交史料》卷六十二，30页。
[4] 《1885年12月29日（光绪十一年十一月二十四日）曾纪泽致总理衙门电》，《中国海关与缅藏问题》，56页。
[5] 《总署致曾纪泽奉旨缅以地让英未告中国宜预筹电》，《清季外交史料》卷六十二，32页。

外交部强烈抗议，"咨英责其未与华议，遽灭缅甸为食言。"[1] 当面诘问英外相，缅甸系中国之朝贡属国，英兵何得擅行攻伐？英外相答以英国之目的仅在于惩罚缅甸人对英国人对"虐待"，至于用兵后如何处理缅甸之善后，英国将与中国保持联系，进行协商。

缅甸亡国无法挽回了，鉴于此种事实，十一月二十九日（1月3日），总理衙门采取最务实的方案，命滇川两省密筹边防，并命曾纪泽力争缅甸朝贡。

根据总理衙门指示，曾纪泽与英国外交当局密切磋商，最大限度争取中国权益。毕竟碍于历史事实，特别是英国不能不与一个巨大的亚洲市场打交道，所以对于中国的要求，能够让步的，也并不是一概不愿让步。十二月初六（1月10日），曾纪泽致电总理衙门："英云缅事可商，依乾隆中缅约。可否以缅有降表而无约折之？称贡与赐为互赗，可否以缅使以时入贡，中朝从未遣使折之？会典不便提，以英使亦提及也。缅表是否用赐印？"[2]

曾纪泽与英外相继续交涉。十二月初九（1月13日）致总署报告交涉细节："英虑法生事，不允存缅。泽力争良久，（英外相）沙云另立王管教不管政，照旧贡献中国。英摄缅政，以防外患。倘署允此办法，则以后专商界务、商务。沙云，英循华情而立王，华于商务宜宽待英。泽意八幕事归界务办。"[3]

对于这个结果，总理衙门认为可以接受，并在第二天（初十，14日）给予进一步指示："缅祀不绝，贡献如故，界务又可开拓，得旨照办。惟缅另立何人为王，宜先告中国，允后再定，尤为得体。摄政则听英缅自定，我不与闻。彼云商务宜宽待，须防要挟地步。英括全缅，得利已厚，立王留贡，虚文不足抵。八幕展界正可借此立说，须坚持防他索。"[4] 依然期待维持宗藩关系，且在领土上尽量利益最大化。

中英协商在顺利进行，但却因英国内政治而暂停。十二月二十六日（1月30日），曾纪泽电告总署："近商缅事颇顺。英择缅教王，候中朝俞允，并照

---

[1]《使英曾纪泽致总署责英未与华议俱灭缅甸为食言》，《清季外交史料》卷六十二，35页。
[2]《使英曾纪泽致总署报英廷允商缅事电》，《清季外交史料》卷六十二，43页。
[3]《使英曾纪泽致总署英云缅另立国王管教不管政电》，《清季外交史料》卷六十二，44页。
[4]《总署复曾纪泽缅甸存祀入贡拓界各事得旨照办电》，《清季外交史料》卷六十二，44页。

前进献，潞江东地咸归中国均将定议。所争者册封入贡字样，及八幕耳。英政府忽因议英均田事被驳告退，刻已不肯商缅事，候新政府到任乃商。"[1]

英国国内政治使谈判暂停，但中英接触探讨并没有完全中止。1886 年 3 月初，金登干致信赫德，报告他从中国使馆雇员马格里那里获得的消息："他说由于八幕在军事上的重要性，中国最后恐怕得不到八幕了。中国所要的是：一、八幕；二、除了英国原来准备让给中国的萨尔温江以东地带外，再将边界拓展到瑞丽江；三、中国船只在伊洛瓦底江上得享航运权利；至于朝贡，如果立教王的办法行不通，可以另筹别法。"[2] 这些转述的准确性可以怀疑，但毫无疑问，中英关于缅甸善后交涉不可能一帆风顺。

谈判停顿让清政府决策中枢相当焦虑，光绪十二年二月初二日（1886 年 3 月 7 日），总理衙门电询曾纪泽："缅事近议如何？曾纪泽着俟议定后再行回华。"[3] 在此之前，清廷已经决定换人，新公使已经在路上。

第二天（二月初三日，3 月 8 日），曾纪泽致总署，报告最近进展："缅事不但不让八幕，且毁其前任立教王以贡华之议。外部议两法：一、云督缅督十年互送礼；一、清帝英后十年遣使互送礼。泽皆拒之，力争多次，英不松口。现应如何办理，乞速示，顷定初六日再商。泽拟刚柔两策，乞酌。刚则咨云：英灭吾朝贡之国，又所商善后不协吾意。吾以友谊为重，不欲失和，然当商议界务，照各国所绘中缅界图分管，如此是拒其陆路通商之请，故谓之刚。柔则允其两督互送礼之说，缅前贡华者改由缅督送云转呈，华前赐缅者改交云督抚送缅。界则潞江东仍归华，八幕有华租界，且可设税关，如此稍柔，然可即了。"[4]

对于曾纪泽"刚柔二策"，总理衙门当天电复："奉旨，曾纪泽朔电已悉。……所拟缅事刚柔两法，中缅自有定界，未可以洋图为据，致他处分界，又开歧出之门；烟台旧约，大理已有专条，安能拒其陆路通商；既无贡献之名，彼此送礼，亦嫌蛇足。以上三策均勿庸议，此时立王朝贡前议，空言争执，恐彼费辞，

[1] 《使英曾纪泽致总署报近商缅事进行颇顺电》，《清季外交史料》卷六十二，58 页。
[2] 《1886 年 3 月 5 日伦敦来函 z 字第四一六号》，《中国海关与缅藏问题》，66 页。
[3] 《旨寄曾纪泽着俟英缅近事议定后回华电》，《清季外交史料》卷六十四，7 页。
[4] 《使英曾纪泽致总署英缅事决用刚柔二策电》，《清季外交史料》卷六十四，7 页。

应暂置勿提，先与专议伊江划界、八幕通商两事。一有端倪，即行电闻。"[1] 朝贡，维持形式的宗藩关系既然不太现实了，还不如现实主义去争取最大利益。

总理衙门转述的谕旨为继续交涉指出了一个方向，但曾纪泽却对此略有看法。曾纪泽觉得此时如果不将贡务、界务、商务捆绑在一起谈，那么缅甸离开中华帝国属国体制将再无改正机会了。对于曾纪泽的请示，总理衙门当天（初九）电复："奉旨。庚电已悉。先论界务、商务，既为认英灭缅，即办到遣使呈仪，何独不然。况与缅督往来，尤失国体，断不可行。前谕本以存缅为正辨，而以该大臣八幕通商原议为第二步。此时仍宜坚守存祀前说，与之始终力争，纵争之不得当可留待异日也。"[2] 仍以保存缅甸主权完整性为第一要义，贡务第一，界务、商务，均为第二位的。

对于朝廷指示，曾纪泽是这样理解的："立教王有存祀之意，即遵旨始终力争，争未得似不宜遽定界务商务，是示以不复争存祀也。泽前电或未明晰，谨再呈。英允让八幕，即八幕上游，亦未允我滨伊江，并呈。"[3] 据此思路，曾纪泽二月十二日（3月17日），与英方晤商，英方云："英据缅本可不商中国。中国不允缅督呈议，一切事可停商。"[4]

二月十三日（3月18日），总理衙门又有一电致曾纪泽："英缅构衅，始则缅自取怨，英颇有理。英外部前与曾纪泽所议存缅立王各节，不特与中华字小之义吻合，即环海各国亦无訾议。现因外部换人，忽然反复，殊出意外。中华所重在乎不灭人国，贡与不贡无足轻重。着曾纪泽再为辩论，详述恃德恃力之道，并责义始利终之非，看其如何作答，即行电闻。"[5]

此后一段时间，曾纪泽与英国外交部就存缅祀问题往返争论数次。不得已，朝廷同意重回缅督进献旧案上来。

遵照总理衙门电示，三月十二日（4月15日），曾纪泽照会英国外交部，

---

[1]《清季外交史料》卷六十四，8页。
[2]《清季外交史料》卷六十四，13页。
[3]《使英曾纪泽致总署争存祀未得不宜遽定界务商务电》，《清季外交史料》卷六十四，13页。
[4]《使英曾纪泽致总署遵旨力争缅祀并潞江下游电》，《清季外交史料》卷六十四，14页。
[5]《德宗实录》卷二二四，7页。

促照去年十二月八日（1月12日）英国外相的方案，另立缅王，管教不管政，照旧进献中国；英管缅政，以防外患的思路上来。然而遗憾的是，此一时彼一时，英国新政府不认旧账，不肯重回原来的方案。三月十五日（4月18日），曾纪泽致电总署："英复咨不肯践言，其词甚决。仍议每十年由缅督备前缅王应贡之物，派缅员呈递。八幕亦不允归我，但允于大盈江北让一股归我，使我得到伊江，且得通于海。至南掌等处归我仍践前言耳。电候速示。"[1]

清廷并没有迅速给予指示，因为接替曾纪泽出任驻英公使的刘瑞芬即将接任。据第一历史档案馆藏档，三月十八日（4月21日），曾纪泽致总署电："密寿。刘十九准到马赛，如令其来英，二十三可到。兹略删英咨冗字复句电呈：'准贵使本月十二咨述前商缅事情形，催本爵照行前任所提教王历遣使办法，并伊江东岸直至瑞丽江，统归中国等因。据本爵观之，沙侯未说必照所拟办理，但云印督欲于缅立教王，十年遣使呈仪，或可合华意。然沙旋声明此事仅系提论，不知果能行否。其后印督探知此种提论办法不可行，则虽明知总署视为紧要，亦但有抱歉而不能曲循也。英曾拟径自英后与中国大皇帝每十年互遣使送礼，中朝拒而不许。三月十七日复拟由英廷嘱驻缅大员办十年遣使事，英廷以为必合华意，全两国声望，然未蒙示复。现英仍愿照此办理，并可派缅人充使，（江）东管理之权让与中国。阅来咨，知中朝未允接受。至其在西之界，英廷虽不能允瑞丽划界及八幕归中国，然已商问印督或可听中朝设埠，伊江为华通海之埠，现盼驻缅官速复，此节英廷甚望此等办法，命商议如何使中朝商务易行，为妥办后事之根。'霰。"[2]英国外交部并不希望缅甸问题对中英关系特别是中英贸易产生太大影响，毕竟中国是一个相对成熟的市场，也是亚洲规模最大的市场。

但在清政府方面看，此次交涉步履维艰，换人、换思路，同时当面听取曾纪泽交涉的解释、建议，或许能够另开新局。三月二十二日（4月25日）总理衙门致电曾纪泽："奉旨。刘瑞芬已到马赛，着先赴英接任。曾纪泽将经手事宜详晰告知，即行回华。存缅英既未允，所商分界各节关系綦重。俟曾纪泽

---

[1] 《使英曾纪泽致总署英议每十年由缅督派员呈贡电》，《清季外交史料》卷六十五，2 页。
[2] 《1886年4月21日(光绪十二年三月十八日)曾纪泽致总理衙门电》，《中国海关与缅藏问题》，73 页。

到京后面加垂询，再行议定。"[1]

此后，中英谈判电重心转移至国内，主要在总理衙门、李鸿章与赫德，以及英国驻华公使欧格讷之间展开。此时，英国根据《烟台条约》派出入藏使团的要求，在西藏引起激烈反对，清廷不得不在属国、属地之间做出孰轻孰重的选择。六月二十三日（7月24日），庆亲王奕劻与欧格讷在北京签署《中英会议缅甸条约》，共五款：

一、英国允许缅甸循例向中国进行十年一次的朝贡；

二、中国承认英国在缅甸取得的一切权利；

三、中英两国派员勘定中缅边界以及另立边界通商事务专章；

四、英国同意暂缓派员由印度进入西藏，但原则上规定藏印边界通商。

至此，缅甸从中华帝国属国体制中脱离，留下一个渐去渐远的模糊背影。剩下的唯一属国为朝鲜，不几年，一场战争，让朝鲜脱离，属国体制遂全部瓦解。

---

[1]《使英曾纪泽致总署陈明交卸赴俄并高丽催英国退安岛电》，《清季外交史料》卷六十五，7页。

晚清的一场经学战争

撰文：向珂

　　1903 年，八十三岁的俞樾因为年纪的缘故，即将离开他执掌数十年的诂经精舍，这时，他收到了一位山西年轻人的来信，信中说：“议论著述，足以死亡中国人士而有余。”[1] 四年之后，俞樾走完人生最后一程。张之洞在给俞樾之孙的信件中写道：“溯自道、咸以迄今日，世风益变，耆宿罕存。独令祖大人以鲁殿灵光，为昌黎泰斗。”俞樾早年因受曾国藩赏识，成为曾门弟子，却不汲汲于仕途，过着著述讲学的士人生活。而他所在的诂经精舍算得上是当时经学研究在江南的重要阵地。

　　俞樾尽管被尊为泰斗，在暮年也明显地察觉到自己已难适应激变的潮流，他的学问见识也抵不住外来新学的冲击，在人生的尽头写下了《三叹息》一诗，其中有“二叹息”云：“自从西学来西洋，一齐付与水东流，老夫为之再太息。”在“三叹息”中，俞樾又写道：“春在堂书行海内，卷帙已经逾四百。略窥南阁祭酒门，冀参东汉耆夫席。自从西学来西洋，从此研经将辍笔。慨自四十余年来，暑日寒宵常矻矻。一齐付与水东流，老夫为之三叹息。”俞樾曾因精于

---

[1] 曾昭旭：《俞曲园学记》，台湾中华书局，1971 年，第 16—17 页。

帝国最为正统的学问，而为人所尊，如今，这门古老的学问似已在"西学"的重重包抄之中。

俞樾离开书院几年后逝世，身后之名也渐渐暗淡。正处而立之年的王国维对此感叹道："德清俞氏之殁几半年矣。俞氏之学问固非有所心得。然其为学之敏与著书之勤，至耄而不衰。固今日学者之好模范也。然于其死之也，社会上无铺张之者，亦无致哀悼之词者，计其价值乃不如以脑病蹈海之留学生。吾国人对学问之兴味如何，亦可于此观之矣。"[1]

王国维与俞樾有半个多世纪的年纪悬殊。一少一老，共同感受着时代的激变，思想文化层面的动荡更让他们难以适应，只好再三叹息。

科举制度在 1905 年已经废除，经学所依附的教育制度业已倾斜，稍稍开过眼界的青年无论出于何种目的，都难以像他们的前辈那样在经书上痛下功夫。他们的趋新也的确让对旧时代抱有温情之人感到不安。

俞樾被冷落了，似说明经学的光芒渐渐退却，古老的正统受到空前的挑战。而就在这残阳之下的帝国中，一种异样的声音透显出来。廖平（季平）在此时的言论颇能代表这类声音。

出生在四川的廖平在晚清思想界也是劲头十足的人物（冯友兰在其颇具影响力的《中国哲学史》中，将廖看作"经学时代"的最后一位关键人物），在经学上曾受到俞樾著作的影响。根据廖平年谱的记录，廖在早年还得到过俞樾的鼓励。他曾在四川的尊经书院学习，接受了正统的经学训练，又于 1883 年进士及第。他的早期经学著作《知圣篇》和《辟刘篇》对康有为大有启发，康于是撰写了影响颇深的《新学伪经考》《孔子改制考》。这几本书阐述了旧有的经学本来就走错了路径，真经学是要讲改革制度的，而这套制度可以在经书中找寻出来。当下出现了危机，错在我们将经书中记录下的优良制度视而不见（廖平和康有为都曾一度相信这套优良制度就在《礼记·王制》之中）。

但是，到了 1898 年，即戊戌变法的那一年，由于他的著作与康有为的关系，

---

[1] 王国维：《教育小言十则》，载氏著《静庵文集续编》，《王国维遗书》第五册，上海书店出版社，1983 年，第 57b 页。

他内心也恐慌万分，担心自己被人纳入那个派系之中去，使得自己面临相似的风险。此时，廖平公开承认，他誓将推翻之前的学说，重新开启在经学上的新路途。这一次转变是他个人思想上的第三次转变，他称此为其"经学第三变"。对于这次转变，早已有人说，这是因为廖受到了来自张之洞的压力，甚或贿赂，勒令他不得再传播这样危险的学说。尽管也有人驳斥这个说法，但必须承认，廖平在这一年的变化使得他告别了以往的身影。

1898 年以前，他希图发掘经书中的良制，以此来引起思想舆论界的关注；戊戌事变之后，他内心或已感到恐惧，而他也就此"一致对外"了。如就挽救经学的命运来说，过去他认为应该捡起那一套被遗忘的经学学说，经学似乎可以获得新的生命，可以为当朝政治改革提供依据；此时，他已无法将矛头指向当朝的正统，而把经学的敌人全然设想为外来者。面对汹汹而来的外来者，廖平未像俞樾那样，空有叹息，他坚持要在思想文化的阵地上打响战争，捍卫本国经学的神圣地位。

考察廖平个人的阅读世界便可知，他虽然以经学家自居，但也熟悉当时的出版物，尤其留心在华传教士的中文著作。他誓言要投入这场战争之中，在很大程度上便是因受到传教士相关论述的刺激。廖平曾说过：

> 宗教攻孔之说多矣，即如《经学不厌精》《古教汇参》《自西徂东》之类，意在改孔从耶……今欲尊孔，正可借彼谈言为我诤友。语云：善守者不知其所以攻。所备既多，则固不能拘守旧法，亦如今日之兵战也。[1]

《经学不厌精》和《自西徂东》由德国传教士花之安（Ernst Faber）撰写，而《古教汇参》则是由苏格兰传教士韦廉臣（Alexander Williamson）撰写。在所有传教士中，花之安又于中国经学的论述最为丰富。对于《经学不厌精》，曾有人评价道："独具慧心，竭十数载之精力，括《十三经》奥义，发前人所

---

[1] 廖平：《尊孔篇》，《四译馆杂著》，第 14a 页。

未备，诏后学于将来，俾凡读者而知孰得孰失，或真或伪，日复一日，庶几引而伸之，触类而长之。昔人云：旧书不厌百回读。今是书曰《经学不厌精》。新旧之分，吾当知又千读不厌者矣。"[1] 而就是这本书，廖平一再视其为"兵战"的对象。他的学生在为之辩护的时候，也说："夫《经学不厌精》《新政真诠》等书，鄙夷旧说，攻之体无完肤。前者之覆，后者之鉴，在今日情形固有偏袒不受节制之嫌，与其全军覆没，何若振旅而还。"[2]

花之安于 1898 年出版其著作《经学不厌精》。他在中国传教已数十年，就中国宗教、文化及历史等方面都撰写了一定数量的论著。作为一名来自德国的传教士，花之安也认为经学是任何宗教内部都拥有的学问体系，这套学问的关键在于为人提供了基本的知识、准则，他曾说过："士不通经，无以致用。治经之道，首资乎学，学不得其要，则经无以通，此必然之理也。"[3] 花之安也认为，经书是我们一切知识仓库的核心之所在，他说："且既有经学，则性理、格物、数学、律学、兵学、农学、医学、技艺之学，俱可日有发明，为生民之利用。经学之有关于国家，岂浅鲜哉？"[4] 并且，"泰西遵耶稣之教者，学问中以经学为第一，有小学之功，有大学之功"。[5]

他还特别介绍过德国的教育体制，并强调"经学"在其中有着不可挑战的权威地位。他在《大德国学校略论》当中就提到了"太学院"，并说："此院乃国中才识兼优、名闻于众者，方能职膺掌院。凡有志之士，欲博古穷经，皆躬就学。……院内学问分列四种，一经学、二法学、三智学、四医学。经学分二类，曰耶稣教、天主教。"[6] 而李提摩太在评介《经学不厌精》的时候说过："今泰西所有治国教民养民诸新法，皆本泰西《新约》一书而来……现在中国人情法度，急需振作，说者谓中国之贫而弱也，由于商务之不兴也，格致之不讲也，制造之不精也，兵士之不练也，轮船之不习也，铁路之不开也，矿政之不修而

[1] 佚名：《读〈经学不厌精〉后》，载《中西教会报》，1896 年，第二卷，第 10 期。
[2] 同上。
[3] 花之安：《自西徂东》，上海书店出版社，2002 年，第 151 页。
[4] 同上，第 152 页。
[5] 同上，第 152 页。
[6] 花之安：《大德国学校略论》，广州，小书会真宝堂藏板，同治十二年（1873），第 15a—16a 页。

货弃于地也，学堂之不振而人安于愚也，不知新法固当举办，而皆枝叶之事也。欲植其根，则以正人心为始；欲正人心，必以明天道为要；欲明天道，舍经学其谁与归？"[1] 在中国舆论之中，也确有人热心介绍德国人尊经的事例，还认为德国之所以能够成为强国就与其国民的道德素养有关联，而这种素养源于他们对经书、经学的重视。

而对于花之安这样的传教士来说，经学即神学，即研讨宗教文本的学问，可谓是宗教当中的核心问题。因此，所谓经学之争实际上是宗教之争，否则李提摩太在 1898 年中不会对中国士人倡议将基督教立为国教而暗自欣喜。[2] 有人在此倡议创立孔教，独尊孔子，也多半出于跟传教士的较量。

传教士固然在暗暗较劲，一心证明自我所尊的宗教更为高级。《经学不厌精》一书虽然主要讨论的是中国经学，但是仍然有不少比较判别的痕迹。他在该书"序言"当中说："自来讲经学者，代不乏人，非陈陈相因，即各逞臆见。阅年既久，积书日多，后学不知讲，求者无论矣。一二有志之士，思寻求而搜讨之，每苦自眩心迷，难衷一是……予来中土，垂三十年，见夫谈经之家，纷纷聚讼。其有事只一事，而言不一言者，所在皆是，孰从而知其真赝？……良以中人子弟，不尽有力读书，博览旁求，殊非易易。且与其由博返约，费搜罗采辑之功，孰若由约及博，得条理分明之效。因将群经原委，及史子家之言有征实者，略为辑述，俾初学得窥门径，易于遵循。"[3] 那么，他的这本著作就是要为中国学子提供一本简易明了的经学教材。而据李提摩太 (Timothy Richard) 的回忆，在 1890 年的时候，花之安曾受到见证大会 (General Conference) 的命令，根据基督教义来撰写一部中国经书的诠释著作(a Christian Commentary on the Chinese Classics)。[4] 那么，他这本中国经学著作便是要借基督教义来对中国经学予以全方位的评判。对于中国经学，花之安倒是早已有自己的判断，他说："孔子并不希望引入新理，不过是恢复

[1] 李提摩太：《〈经学不厌精〉跋》，载《万国公报》，光绪二十四年（1898），第 114 期。
[2] Timothy Richrad（李提摩太）：*Forty-Five Years in China*, New York, Frederick A. Stokes Company, 1916, p.261.
[3] 花之安："序"，载氏著《经学不厌精》，上海，广学会藏板，光绪二十四年（1898），第 1a—2b 页。
[4] Timothy Richrad：*Forty-Five Years in China*, pp.219 — 220.

纯粹的旧有形式。他实质上不反对宗教。神圣的儒家经典毫无疑问是记录儒家所理解的教义。是乃谓为中国经书。……然于经书之中，唯见宗教习俗之混杂情态，稍有解诂。而全然不见成规模之教理，亦乏堪足谓为科学者也。"[1]

他承认孔子在中国具有类似于耶稣的地位，但是孔子并没有像《新约》当中记述的耶稣那样，对于传统宗教进行猛烈的改革；同时，对于与孔子有关系的经书也未经适当的整理，致使其内部难以形成系统规范的教义。《经学不厌精》毕竟是一本中文著作，其对象也是中国学人，因此花之安在该书倒还保持了节制，并未像上面那样对孔子及其经学予以整体性的批判。但是，他也隐晦地表达出对于中国经学之不信任。

比如，对于经书的散亡，他说："书籍之散亡屡矣。今之学者，辄谓秦火，而不及其他，不免挂一漏万。"[2] 他还认为，即便是保留下来的经书，也并非与原初的状态一致。

他指出在中国经学研究著作中缺少"经学大全"或"经学总纂"一类的著作，还就此与西方的情况作过比较，他说："如笃信耶稣者，以道理大全修其身，自然可对上帝而获福，而所行亦不至游移无据。"[3] 他在这里提到的"道理大全"便是指 Catechism ，正与"经学大全""经学总纂"相对应。 Catechism 的出现正是由于《旧约》和《新约》的经文有时不能对于具体问题给出明确的答案。但不同宗教组织内部必须要在具体问题上有统一的认识，就需要编写这样的手册，解决信徒的疑惑。每部大全里面设有若干问答的段落，答语都会对该问题给出明确的答案。而这样的编写也是为了防止在组织内部出现异教徒。[4] 由于中国经学当中缺少 Catechism，所以很难在具体问题上找到标准解释，这样也很难为学子带来直接的启示。那么，他后来完成的《经学不厌精》便该是接近于 Catechism 的性质。而他说"夫中国留心经学之士，类不乏人，然皆各自为书"，就等于是否定了"国朝汉学家"的工作，因为他们在经学研究上独立成家，为

[1] Ernst Faber(花之安)：*China in the Light of History*，Shanghai，American Presbyterian Mission Press，1897，p.34.
[2] 花之安：《经学不厌精》，上海，广学会藏版，光绪二十四年，第 12a 页。
[3] 同上，第 155—156 页。
[4] G.R.Evans：*A Brief History of Heresy*，Oxford，Blackwell Publishing，2003，p.34.

经书提供了更多的解释可能，致使难以就具体问题达成共识。

传教士这方面的言论在很大程度上是为了便于传教。他们所讲述的内容也未必全然属实。德国传教士爱鼓吹德皇威廉二世是如何尊经的，便有人把威廉视为尊经守道的明君。至于威廉二世如何倡导科学与艺术，经学家们却鲜少提及。一位署名为"澄观"的作者于1910年在《青年》杂志发表题为《德人尊经》的文章中说："驻德大英圣书公会委办马立逊。千九百零八年，报告销行德国圣书之数，较前骤增。当千八百八十五年，每千人中销售圣书十二本。至千九百零七年，涨至十九本。按日耳曼人拘于国性，多笑骂派，乃至近五十年内，尊重圣经之人数，较前增三一有余。谁曰德人无进步？"

这样的判断甚至影响到了当时的要人。张之洞是廖平的师长，在晚清教育改革当中扮演了极为重要的角色。他在1898年作《劝学篇》，如果将此书与他在四川所作的《輶轩语》加以比较，便会发现，他对于经学及其学习方法的讨论已经发生了变化。这种变化在一定程度上应源于他对其他经学及时局的不同认识。对于经学的重要性，他就说过："外国各学堂每日必诵耶稣经，示宗教也。"[1] 张之洞由此强化了这样的观点：经学在学校教育当中应该处于最为紧要的地位，经书便是国家宗教的载体。这个观念在他后来提倡新政、引进新式学堂的规划之中都有所反映。而他在《劝学篇》里面，已经提到了经学的改革，尤其强调编写新的经学教科书。

"节录纂集以成一书"，那此书即花之安期待的"经学大全""经学总纂"，即类似于基督教当中的"道理大全"（Catechism）。"道理大全"采用问答形式，而张之洞期待的"经学大全"则要把经书的"大义"直接揭示出来。

此时张之洞热心教育改革，而在其心中，德国与日本的教育可以作为教育改革参照的蓝本。他与刘坤一在1900年联手而作的《江楚会奏变法三折》中说："而学校之制，惟德最详。日本兴最骤，而学校之数，在东方之国为最多。兴学之功，此其明证。"[2] 对于日本这样的近邻，国力大增，已经是共同见证的

---

[1] 张之洞：《劝学篇》，《张之洞全集》第十二册，第9725页。
[2] 张之洞、刘坤一：《江楚会奏变法三折》，近代中国史料丛刊续编第48辑，台北，文海出版社，第7页。

事实。而在教育方面，日本的教育体制也大可借鉴。张之洞就指出："无论大小学堂，皆有讲国教一门，皆有学兵队之操场。日本之教科，名曰伦理科。所讲皆人伦道德之事。其大义皆本五经四书，普通学毕业后，发给凭照，升入高等学堂，习专门之学。"[1] 他们还说道："日本门目，与中国情形较近，欧美无学不兼讲西学，日本无学不兼讲伦理。"[2] 那么，这里所说的"西学"和"伦理学"便为他们各自的"国教"，而"西学"正该类似于花之安所说的"经学"。张之洞后来在《奏定学堂章程》当中就明确把经学与修身两门课程规定为各级学堂必须拥有的科目，而这两门科目也正体现了他所强调的"国教"。

如果联系到时局，廖平向西方经学的挑战，仿佛是安全的。廖平可能还会觉得，在当时的西方，所谓知识依然来自于所谓的经书。经书之外的知识都属于邪门外道。而就在清代初期，清代毛奇龄《经问》还讲过这样一则笑话：

> 古书不记事始，今人但以书之所见者，便以为权舆，在此最不通者。人第见《易》《书》《诗》无"骑"字，只《曲礼》有前有"车骑"语，遂谓"骑"字是战国以后之字，古人不骑马。若然则六经俱无"髭髯"字，将谓汉后人始生髭髯？此笑话矣。[3]

这笑话讥讽了那些迷信经书的人。这些具有正统意识的读书人对于经书不敢稍有怀疑。比如，在经书里面没有出现"髭髯"二字，难道就认为当时人没有长过胡须？这种正统知识应该统统出自经书的观念，在清代末期仍很强劲。

在 1898 年左右，经学家皮锡瑞之子皮嘉祐在湖南作《醒世歌》，其中写道："中国虽然是华夏，开辟最先胜蛮野，实因礼义与文明，人人推尊事不假。若把地图来参详，中国并不在中央。地球本是浑圆物，谁是中央谁四旁？"[4] 他

[1] 张之洞、刘坤一：《江楚会奏变法三折》，近代中国史料丛刊续编第48辑，台北，文海出版社，第8页。
[2] 同上，第9页。
[3] 毛奇龄：《经问》，载阮元、王先谦编《清经解 清经解续编》第一册，南京，凤凰出版社，2005年，第1262页。
[4] 皮嘉祐：《醒世歌》，载《湘报》，光绪二十四年（1898）第27期。

依然相信华夏古国的文明在世界上最为悠久，但却打破了中国居于中央的观念，这自然会对夷夏之别这样的集体记忆（Collective Memory）产生动摇。湖南乡绅叶德辉便于此不满，特致函皮锡瑞，信中说道："至谓地球列国环峙，并无夷夏之防，又谓春秋时之吴、楚即今日之江苏、两湖，是当日之夷狄即今日之中国。此论似是而实非，久欲一辨。"[1] 叶德辉要辨的，无疑是在经书提供的知识和新知之间，究竟哪一方更具正统性。显然，叶仍坚信经书才属于真知的源泉。地球的知识并没有出现在任何一部经书之中，但是，即便不能否定地球的存在，但仍必须坚持中国在地球中央的观念——即不能摆脱"天下"的观念。

而皮锡瑞在其覆函当中倒还认可了叶德辉的批驳，他说："小儿学识谫陋，不晓地学，地球云云，乃听讲窃闻之谭复生者。此等通俗文字，本不足登大雅之堂；即讲义批答，皆急就章，不能如闭户著书，字字斟酌，言多必失，诚如尊谕云云。"[2] 皮锡瑞熟知经学的传统，也承认其子受到了谭嗣同的影响。正是谭在湖南传播的这些新知，渐渐侵蚀了经书的正统性。"地球本是浑圆物"在此时便是有碍正统的知识。而皮锡瑞也承认，经书提供的知识方足以"登大雅之堂"。

但是，新知毕竟从外而来，中国的士人不能漠视这个事实。薛福成曾1890 年到 1894 年游览了欧洲四国，并撰写了《出使英法义比四国日记》。在他的这部日记当中，他也说到在国外对于新知的感受，他仍强调，在古老的经书当中，还留有大量被人所遗忘、忽视了的知识，其原因就在于这些知识未在现实世界中找到对应之物。假如这个现实世界被放大，那就意味着有更多的知识会从经书当中被发掘出来，从而真正在知识仓库中有了明确的坐标。尽管薛福成的日记为当时人增添了国外的新知，但是他的这些论调也强化他们对于本国知识仓库的自信。

廖平便熟悉这部在当时流布甚广的日记。他在 1898 年所著《地球新义》中便大段引用薛著，以助其观点的成立。廖平就在这部书当中提出了一个新颖

[1] 叶德辉：《叶吏部与南学会皮鹿门孝廉书》，《翼教丛编》，第 167 页。
[2] 皮锡瑞：《师伏堂日记》第三册，第 114 页。

的观点——通过"翻译"来消弭新知与旧知之间的隔阂。廖平应该也明白，虽然此举是出于打赢经学之战的目的，但这样前所未有的论述仍然可能会遭到不测。因此就在他听闻到新党遭到镇压的时候，毅然将此书稿付之一炬。后来他还是在此年将该书刊印出来，而书中不同篇章的作者却被冠以他学生的名字，"托之及门课艺"[1]，这也正是为了防止受到其他人的攻击。

笔者共见到两个不同版本的《地球新义》，分别刊于1898年、1899年，两版本的篇章大有出入，而其主旨一致。在1899年的《地球新义》之中，廖平专门阐释了"翻译"在经学诠释过程中的意涵：

> 中国东南之夷曰淮海，邦东南之国不可名，则借中国之名以名之。又中国正南方曰荆楚，正西方曰氐羌，今南则澳非之名不可见，西则美欧之名不可见，亦借中国之名以名之。荆楚即澳非，氐羌即欧美，与淮夷之例相同，总该诗文海外四极五帝分占之区，统《鲁颂》之戎狄荆舒四字足矣。孔子六艺小统上翻三代之古文，大统下翻百世之新事，知其翻译之例，则读《诗》《易》不啻如《海国图志》《百年一觉》。[2]

《海国图志》为魏源所撰，述世界各国之状态。而《百年一觉》本是美国作家爱德华·贝拉米（Edward Bellamy）写作的一部预言小说，名为 *Looking Backwark From 2000 to 1887*，最初由李提摩太将此书部分译出，命名为《回头看纪略》，在《万国公报》连载。1894年，又以《百年一觉》为名由广学会出版单行本。在清末，梁启超、谭嗣同等人都曾阅读、评论过此书，而又启发了康有为撰写《大同书》。[3] 这是一部幻想小说，小说主人公在1887年入睡，而后于2000年方醒，此时才发现周遭的世界在此百年之中发生了剧

---

[1] 廖幼平：《廖季平年谱》，第59页。
[2] 廖平：《翻译名义三卷》，载氏著《地球新义》，繁江两峰书院刊，光绪二十五年（1899），卷上，第2a页。
[3] 熊月之：《西学东渐与晚晴社会》，北京，中国人民大学出版社，2011年，第321—322页。

烈变化，俨然为一美好的大同世界。李提摩太的译本影响极大，几乎成了不少人心中改革社会的理想范本。而在廖平看来，无论如《海国图志》所述的当下之事，还是如《百年一觉》所描绘的未来之境，这些都可以通过"翻译"的方式从经书当中找到与新知完全一致的知识，就连经书上面的地名也可以理解为外国地理的名称，只不过经书的读者常因自身的有限性，未能理解经书所提供的全能的知识。

将经书的知识与新知衔接起来，此便为"翻译"。这在廖平那里，约有两层含义，第一是将经书中所论及的"天下"诠释为全球，拓宽知识仓库的地理使用范围 ；二是将经书中的历史翻译为寓言，使得知识仓库在人类世界当中恒久有效。

"天下"与九州本来同属一体。但是国人心目中的地理空间、范围已经增大，知晓原来的九州之地不过仅占地球一隅。然而，根据廖平的"翻译"，经书当中所提到的九州实际上就是表示全球的范围。他还在聚珍版的《地球新义》中引用了薛福成的《出使英法义比四国日记》的内容，薛在日记中曾说过 ：

> 偶阅《瀛环志略》地图，念昔邹衍谈天，以为儒者所谓中国者，乃天下八十一反之一耳。中国名曰赤县神州。赤县神州内，自有九州，禹之所奠九州是也，不得为州数。中国外，如赤县神州者九，乃所谓九州也；于是有裨海环之，人民禽兽莫能相通者，各为一区，乃为一州。……然则禹迹之九州，实不过得大地八十一分之一；而《禹贡》所详之一州，又不过得大地七百二十九分之一，其事殆信而有征也，舟中无事，睹大海之汪洋，念坤舆之广达，意有所触，因信笔书之。[1]

邹衍是战国时候的思想家，他提出了与儒者不同的地理观念，以《禹贡》所述的九州仅为"大九州"之一，各州由海洋环绕，而九州的中央即"中国"

---

[1] 薛福成 ：《出使英法义比四国日记》，第 76—79 页。

便仅为天下之蕞尔小邦。邹衍的这套说法与近现代的地理知识有所接近，然此说向来被认为不经。而薛福成出洋游览，增长了地理知识，便一下认识到"大九州"之说当可为真，天下并不限于禹迹九州，今日之天下也不是限于中国。

薛福成对于"大九州"的新解释，的确引起了一部分士人的关注。王韬读到薛福成的相关论述之后，也感叹道："迩来薛叔耘星使奉使欧洲，经历重洋，揽富媪之形势，穷四州之方位，有感于邹衍九州之说……而彼所谓大九州者，在邹衍时岂非人民禽兽莫能相通者乎？今既判五洲而为九大州，即其一州之中，约略计其方里，要亦不过得九分之一。然则禹迹之九州，实不过大地八十一分之一，而《禹贡》所详之一州，又不过得大地七百二十九分之一。其说殆信而有征也。"[1]

而廖平径直将薛福成日记中论述"大九州"说的一段落收入《地球新义》之中，而且还专作一文《出使四国日记论大九州后》。正由于"大九州"学说再次发现，廖平在1898年之后对经书的"翻译"工作便恣意地展开了。薛福成意不在经学研究本身，未对经说予以通盘考量，点到即止，廖平说："然薛君虽能填实衍说，而不知其说由来。"[2] 而在尊孔的立场之下，这些大可派上用场的学说便也该归入其系统之中，廖平果然说道："综览古今，考索中外，始悟其所言乃七十子之微言，公羊子之师说也。"[3] 既然"大九州"说来自于公羊子，也就可以认为这套学说也承继于孔子。

除了"大九州"说与地理新知有所近似之外，廖平还在《诗经》中找到了一处他认作极为重要的发现。《诗经·商颂》当中有一句为"受小球大球"，廖平对此的解释是：《商颂》言小大。《商颂》，五帝之遗法，大一统之诗也。《商颂》之大一统非实指殷商之版土，乃谓百世以后法。"[4] 他解释"小球"为中国，"大球"则为全球 ；因此，关于地球的观念早已在《诗经》当中存在了。但是，廖平

[1] 王韬：《论大地九州之外复有九州》，载氏著《弢园文新编》，生活·读书·新知三联书店，北京，1998年，第336—338页。
[2] 廖平：《书出使四国日记论大九州后》，载氏著《地球新义》，光绪二十四年（1898）聚珍本，第1a页。
[3] 同上，第1b页。
[4] 廖平：《释球》《地球新义》，光绪二十四年聚珍本，第1a页。

也不会贸然认同"地球本是浑圆物"一说，新知与旧知之间的隔阂应该努力突破，但仍然不能将天下中央的理念让位给民族国家的新观念。在这样的情况下，廖平还需要把过去引以为常的知识进行再解释，使得经书的内容不限于中国一隅，这套知识仓库可以将新知笼络在其中，凡是与之不同者也可视为不经。比如，对于"五岳"，他解释道："则将来之大一统，以中国为皇极居中，统制四方，美为东岳，欧为西岳，奥为南岳，俄为北岳，臣服万国，开拓五洲，圣经规模适无遗意。"[1] 既然这四大区域都环绕于中国，那由中国经书提供的知识也该对他们有效。由西人提供的新知实则上都能在固有的经书当中寻找得到，而未知的知识也应该存在于经书之中，只不过因种种限制，经书所启示的知识尚不能顺利有效地翻译出来，廖平就说道：

> 泰西人航海探测，穷极智巧，虽能定体质，别寒温，举岛名，数方里，一二征诸实事。然当耶稣未生以前，陆无轮车，水无轮船，推考大地，何遽至此。纵海客间谈亦只就其附近中国一岛一国言之，安能包举宇内，有如此绝大见解？且西人所绘舆图只分为五，不分为九，更无所谓八十一州之说，今日西学不能言者，而二千年前能言之乎？[2]

薛福成原以为，"亚美理驾洲"当分为二，"亚细亚洲"分为三，而"阿非利加洲"又当分为二，故全球本为九大洲，正好与邹衍的"大九州"说相暗合。[3] 廖平似不以此为然，还认为目前仅能知五洲，另外四洲尚未被探测到。因此可以说，经书所提供的知识永远有效，永远高于其他别类的知识。经由人之经验而来的知识不过为此类知识聊作印证罢了，如果存有冲突，理应选择所提供的，而且经书提供的知识远远多于人之经验所获得的。

在这场经学战争中，廖平一意捍卫本国经学，一心要证明，无论多少时新

---

[1] 廖平：《书出使四国日记论大九州后》，《地球新异》，光绪二十四年聚珍本，第 4a 页。
[2] 同上，第 1a—1b 页。
[3] 薛福成：《出使英法义比四国日记》，第 77—78 页。

的学问学理，都可在祖宗所传的经书中找到而不必向外希求——尽管他对经书的解释已让人感到异常怪诞。然而，这种看似不再冒犯当局且旨在排外的言论却并没为他带来多少好处。1903 年，时任四川绥定府教授的廖平接到一封官方的革职文书，上面写道：

> 绥定府教授廖平学非宏博，逞臆说经，多离经畔道之语。迄今所著，益加诞妄，且行检不修，孳孳为利……实为川省人心学校之害，相应请首将绥定府教授廖平即行革职，交地方官严加管束，并请饬下四川总督及新任学臣查取。

1932 年廖平在四川去世，他的经学事业得到了当时民国政府的褒扬。而身在南京的黄侃却在日记中写道："报载谢持等请褒扬廖平文……平心安乎？……则不过夭（妖）人之学究耳。"

联系到自身的遭遇，或再想到经学战争这样未竟的事业，廖平是否也会像当年俞樾那样"三叹息"呢？而廖平、张之洞等人强调的国教后来在德日两国并未交上好运。二战结束，日本修宪，国家神道也就此破产。

建筑与苏联想象

撰文：卡洛琳·汉弗莱（Caroline Humphrey）

翻译：周雨霏

1930 年代早期所建立起来的这种居住制度从而变成了一种很系统的统治技术。当然，一个父亲形象的国家是不会承认这一点的；建筑师们也对此毫不知情，他们继续设计着舒适的住房，并对过度拥挤表示抗议。而居民们，一方面忍受着对于"被统治"的恐惧和疑虑，一方面又试图去相信他们所住的片区是最优质的。

意识形态不只存在于语言形式，它也出现在物质结构中。苏联党国相信，建筑具有重塑人的力量。通过推广集体住宿，它力图形塑一种新的社会主义生活方式。结果如何呢？这篇文章通过集体宿舍的例子，来说明我们既需要考虑到每天实实在在的社交，更需要超越这个层面去思考：想象是如何在这些场所中起作用的。物质结构无法完全按照最初的意愿来生产社会主义价值观念。从小说和讽刺作品中我们可以看到，建筑的运作方式像一个棱镜——观念的投射因建筑而偏斜，但也并非偏往随机的方向。

在社会主义革命后的一段时期中，基础设施曾一度没能跟上意识形态的发展。于是在满足意识形态功能的建筑被设计出来之前，人们开始自己动手建设社区。当时的情形看上去像一种吊诡的倒置：革命领袖们在圣彼得堡和莫斯科的奢华酒店里建立起他们"空想的共产村庄"(phalansteries)，而工人阶级却在资产阶级那些大公寓里建立社区。那时，新的"无产阶级之家"还不存在任何建筑上的范例，甚至没有任何房屋大小或内饰方面的准则。于是建筑师们不久就开始创造一些未来主义实验风格的模型：立体主义的、环形的、塔状的、不对称的或是曲折的结构。不过与此同时，各部门与市镇很快也开始开展住房分配竞争，这个过程中终于渐渐地树立起一些设计规格上的严格惯例。

米诺维奇（Meerovich）的研究告诉我们，为苏维埃公民提供的住房分配政策虽然表面上宣称进步与平等，事实上它不仅仅是试图将工人们整合进一个个"劳动－生活社区"，更是一种阴暗的政治操控。为了把某些更好（或更坏）的住宿条件匹配给工人们，住房的"紧缺"变成一个必要的工具。被分配到额外面积的"居住空间"被看作是对国家效忠的最佳证明。住房竞争不仅明确规定了房间的数量和大小、房内提供哪些公共设施（如厨房、饭厅、托儿所、阅览室、洗衣间等等），它更是试图计算和规划生活本身的最低标准。例如，它测算人体在一晚睡眠之后需要多少必要的空气量就能"正常"运转，以此制定房内"生活空间"的体积标准。这些准则被运用到不只是新建筑，更是那些老房子里。压缩（uplotnenie）政策把公寓的老住户塞到一个房间里，然后把其他房间填满新来的人。正如米诺维奇指出的那样，建筑师们本想要推广的那些"进步标准"实际上被破坏了：那些为单个家庭设计的小套间被塞进了好几个家庭，一个房间住一整家人；而为个体设计的单人间也是挤了好几个人。许多工人的营房里更是毫无隐私。人们于是争先恐后想要逃离这样的住宿条件，去抢那些更宽敞但也数量更少的房子。1930年代早期所建立起来的这种居住制度从而变成了一种很系统的统治技术。当然，一个父亲形象的国家是不会承认这一点的；建筑师们也对此毫不知情，他们继续设计着舒适的住房，并对过度拥挤表示抗议。而居民们，一方面忍受着对于"被统治"的恐惧和疑虑，一方面又试图去相信他们所住的片区是最优质的。

一旦这种居住体系被建立起来了，那些未来主义的社区实验就变得近乎多余。随着1930年代早期斯大林同化政策以及新传统主义的来临，这些激进的、大型共同居住的住房－社区实验就被完全地中止了，取而代之的是完全规格化的、几乎没有任何公共设施的独立公寓。同时，那些从前被设计为社区的建筑，开始被改造为工人和学生的宿舍（obshchezhitie，意即"公共生活空间"），附属于工厂、建筑工地以及大学；而新宿舍也被建成多层、带过道的样子。因而，在所有类型的城市住房中，如果按照舒适度排列，集体宿舍可以被排在那些不供暖的木质窝棚与工人营房之前，排在老式合住套间与公寓楼独立套间之后。

于是，这种宿舍成了那些没有自家公寓的人最主要的居住形式。在大规模劳动力迁徙、普遍房屋紧缺以及持续不断的城乡流动压力等情况下，这种宿舍在所有城市被大量建造。对于许多有理想抱负的流动居民而言，住在集体宿舍里变成了他们一个共同的人生阶段。如果说最理想的生活方式是有一份稳定富足的收入，且分到一套自己的公寓，甚至是一套乡间邸宅的话，住在集体宿舍里可以视为是一个道德成熟过程中的过渡阶段。

乌杰辛（Utekhin）的以下这段评论传达出了在苏联时代中期，集体宿舍具有怎样基础性的意识形态内涵——它是如何制造集体情感和消灭自私冷漠的：

集体宿舍——不论在它最宽或最窄的意义上——都被那些和善的人视为一段宝贵的经历，它培养了一种苏维埃人的性格。正如它的官方说明上写的那样："……这种以艰苦著称的居住体验其自身就包含一种益处：它是一个学校，教导如何与人相处、如何与自己做斗争、如何培养同志友情。"

据克拉克（Clark）发现，在1950和1960年代一种名为"英雄的回归"的小说类型中，集体宿舍是很常见的场景。这种小说的关键主题是，主人公如何才能融入成人社会中去？首先，他或她必须离家远行，走上一条标志着道德或是政治进步的旅程。通常，那个将要去到的"远方"会跟赫鲁晓夫时代的某个新的建设项目联系起来——西伯利亚的一个建筑工地、处女地开垦计划等等。或者，主人公来到城市寻求教育。在小说的开头，他或她往往很不正经地只是想跟其他学生一块儿找点乐子。接下来就是一个很常见的情节：一个道德认同上的转变阶段。工作的最初几天常常是对毅力和耐力的考验。在库茨涅佐夫（Kuznetsov）的小说《传奇的延续》（1957）中，主人公托尔亚（Tolya）被安排去铲混凝土。"我到底要不要坚持下去呢？"他问自己。一天结束的时候，托尔亚手滴着血，只剩下最后一点力气把自己的身体拖回宿舍，并爬上那"高而又高"的楼梯，回到他的寝室。他最终战胜了自己。

在这里，宿舍的楼梯可以被视为一个完美的意识形态象征，象征主人公道德上的进步和上升。在这个故事中，体力劳动的价值与在底层的卑微生活将被理想主义与冒险所升华。然而在《传奇的延续》中同样明显的是，官方意识形态自身也投射了想象。在新世界中，托尔亚感到"童话成真了"，那是当一个工人讲起了关于伟大的叶尼塞河与安加拉河是如何汇合的古老传说，而这正是托尔亚所参与的建筑项目的目标。托尔亚有一个令他难以忘怀的童年异象，是"在蓝色的海洋中航行着许多红色的船只"；而当他在建筑工地上辛苦地劳作时，在一片飘扬的标语横幅之中这个异象又突然浮现出来。这部小说清楚地表明，苏维埃意识形态不仅仅是一剂无聊而受限的处方，更是一套高度复杂的话语，其本身就包含了浪漫的元素以及潜藏的威胁。

在我开始分析这一主题之前，请让我再多探讨一下集体宿舍的社会空间与建筑结构。从功能上来说，集体宿舍是那些外来者在本地的寄居之地。宿舍的形式各异，根据它们所依附的机构特点而有所不同（军队的、工业的、院校的等等）。任何在俄罗斯住过的人都知道，甚至每一个学生宿舍都有自己的风格。比如有给乡下人住的农业院校宿舍、聚集着哈萨克人和西伯利亚人的宿舍、给工程师们住的闹哄哄的宿舍，在市中心还有给艺术学生住的漂亮宿舍等等。邻近宿舍的居民们时常与彼此展开竞争，比如足球赛，或是一种象征性的敌对（像是从窗口挂出侮辱性的标语来激怒邻近宿舍的人）。非本楼居民禁止进入宿舍，除非持有许可证。因此，当有派对或舞会举行时，年轻人在门外排起长队，等着兴许能随机交上一个"朋友"以便借他的门卡用一晚上。然而，从我所能考察到的各方面来看，在整座宿舍建筑中，最能使人对其社会属性产生丰富想象的部分，并不是它最明显的外部特征，而是它的内部建造结构是如何被设计的。

在1950到70年代的大规模修建时期，曾有过对房屋结构的标准化修建规定，虽然那些更老、更多元化的宿舍依然在使用中。通常，入口通道处坐着一个看门人，负责检查谁进门了、谁出去了，负责锁大门、关灯等等事宜。一层是宿舍主管办公室。沿着宿舍楼的中心是一条宽敞阴暗的过道，两边依次是各个合住的寝室。在一些高端宿舍里每间寝室只住两个人，但在一般的宿舍里通常是住四到六人，有时甚至多达十五人。铁床、衣柜、小橱柜整齐排列，通常由围帘隔开，从而每一间寝室都是一个拥挤而复杂的空间，组合出更多的私人与公共区域。房间中间通常放着一张公用桌。墙上装着一只收音机，不能关掉、只能调小音量（我的记忆中是这样，至少是在 1960 年代）。楼外的竿上或树上也挂着广播扩音器，转播着同样的节目。在宿舍过道的一头是一个大大的公用厨房；另一头是盥洗室和洗衣机。装修较好的宿舍会有一个叫"红色角"的房间，用于进行政治教育，但后来往往更多被用于自习。最后，大型的宿舍在底楼或地下室会有个食堂。食堂里往往排着长队、桌椅拥挤，人们吃得飞快而非悠闲进餐，因为食堂只在有限时段内开放且分批次供应。

这种从波罗的海地区到符拉迪沃斯托克都随处可见的宿舍结构，被设计出来贯彻关于平等、节俭、公正公开以及集体责任的理念。到 1966 年时，许多这样的宿舍都已经过于拥挤，比如经常没有足够的洗衣、盥洗设施，一个厨房要给 60 到 100 人共用，而且几乎没有任何学习与休闲区域等等。考虑到这些状况，一套新的规定出台实施。然而，到 20 世纪 70、80 年代时，新一代的宿舍却被设计容纳更多的人——最多达到 1300 人——人均居住空间从 4.5 平米缩减到 4 平方米。只在极少的新宿舍中，原本沿走廊分布的房间被改善为围绕公共设施来分布。不用说的是，老宿舍还是继续运营。

考虑到苏联各国的宿舍都没什么大的不同，我们继而可以开始论证：这种建筑结构是如何危及而非贯彻了苏联意识形态。这是由于许多设计细节必须照顾到普遍的建筑施工问题，例如材料的节约成本、光线的充足情况、排水系统等。从而，即便宿舍的整体结构有一个意识形态的目的，我们也不能认为建筑的每一个细节都携带了明确的意识形态意图。或许正是由于缺乏精确性，宿舍中的生活其实是根据实地经验由个别苏维埃机构来具体管理的。管理的执行者包括管理员，即一些被指派来维持秩序的工人／学生积极分子。每一层楼都有一个管理员，他们组织住户进行各项工作（打扫过道、清理厨房、倒垃圾等等），并对醉酒、打架等违规行为进行训斥。在某些宿舍，每间寝室里都有一个管理员。除了管理员还有告密者，他们专门向宿舍主任等权威悄悄通报住户所犯的政治错误。这些监管行为都带有强烈的道德色彩，象征着社会主义的责任心、对他人的尊重、有教养的行为以及政治忠诚度。然而这些监管被实际实施的方式在每层楼却是风格各异——例如，二楼厕所可能打扫得比较干净；在八楼可能有传闻说某某是告密者；而四楼的乌兹别克人则永远占据着厨房在煮羊肉。

住在寝室里，你不仅可以听到室友们的各种活动，还能听到从两边隔壁房间传过来的噪声。乌杰辛曾写到，人们不仅适应了这些隔壁来的声音，而且还潜意识里欢迎它们。他引用了一首1960年代的诗："我喜欢墙那边传来—音乐／当墙那边传来噪音／我无法忍受那来自安静的／冷漠，如此浓稠又浑浊"。对一个共产主义信徒而言，搬出拥挤的公共宿舍去住公寓将是一个痛苦的创伤，因为那将意味着对他人的冷漠，他们对这种冷漠中包含的罪恶深感恐惧。乌杰辛认为这种情感在1960年代意识形态浪漫化的时期最为强烈，但这种对于告别集体生活的焦虑并不仅限于激进分子，而且在之后的年代中也持续出现。一位来自布里亚特的朋友向我证实了这一点，她谈到在1970年代晚期当她必须离开集体宿舍去住独立公寓时她忍受了多少无聊和孤独。这其中最值得我们注意的是，宿舍中的生活通常比宿舍的规划者所设想规划的还远要集体主义得多。事实上，它创造了一种"过度的集体性"。

这种集体性一体两面，一方面它积极进取，另一方面它也残暴压抑。寝室作为一个社会单元处于这种集体性的核心。还是那个来自布里亚特的朋友，她告诉我她同屋的四个人加上附近寝室的两个姑娘组成了一个小组织，有自己的组织名称、歌曲甚至"行话"。钱被放到一个公用罐子里，食物被共享，不论做饭还是吃饭都结伴进行，到晚上也是组队出去玩。她们一起去洗澡、洗衣服；甚至内裤和内衣都被传来传去。曾有一个外来的姑娘通过分享自己新得到的大床而被允许加入，其他想加入的人都在开会表决后被拒绝。她们会走到公共走廊里大声唱自己组织的歌。不出所料的是有一个学生曾多次伸出头来就她们发出的噪音表示抗议。然而她们每次都大发一番脾气然后把他推搡回自己的房间去，直到"每个人都承认了我们在这层楼的权威。从那以后，无人敢挑战我们。"我的朋友回忆道，"那真是一段愉快时光，我们没有管理员，我们有的是集体精神。"然而，这种精神无法遵循苏联集体宿舍所意图推广的那种自律、公正理念。不过我的受访者都常常提起这种温暖而愉悦的"精神"，并且有证据显示这种"寝室－过道"的组织结构也在许多其他年代和地区产生过类似的社群关系。一个1930年代的例子显示，有一个小组织曾写过同一本日记，而且跟那位布里亚特女士一样，组织的核心成员（kostyak，意即"主心骨"）直到他们离开宿舍很多年后都依然维持了朋友关系。

这种强烈的集体性所带有的黑暗面，则是它加诸人们身上向它臣服的压力。在一个学生的一封家书中我们可以读到这样的讽刺段落：

> 亲爱的爸爸妈妈，现在是凌晨两点，我正坐在我寝室的门口给你写信，因为他们不让我进去，说今天没轮到我睡……其实，其他都还挺好的。同楼层的朋友接受我加入他们的组织，但这意味着所有我的东西从今往后就都是集体的了，甚至是戈沙叔叔从蒙古随果酱一起寄来的克林普伦裤子。他们把它当做入会费给没收了。现在每个人都想穿着它结婚。其中一个朋友给了我一些意大利黑玻璃但是是坏的。所以，爸爸，请不要给我寄马裤了，马裤实在太公共了，整个组织都会想穿它们。给我寄钱吧……

一个宿舍住户回忆道，保存贵重物品的唯一可靠办法是锁进手提箱里，最好绑在床架上。另一些俄罗斯朋友提供的记述中提到，某些没能遵守房间规矩的人被迫替人受过或是被放逐。最近一部关于俄罗斯军队的民族志也讲述了军中严厉残暴的服从和层级关系，例如在浴室、食堂、医务室，被排斥的士兵是如何被严酷地处以私刑和监禁。

这么一来我们就不应该期望宿舍中的排斥和霸凌只是个别现象。另一方面，宿舍住户有时也需要空间来进行私密对话。寝室里总是永远被占据着，几乎不可能是空着的；厨房里太容易被旁听；浴室不仅太冷而且小隔间里太容易躲着偷听者。听起来不可思议的是，过道这个最最公共的空间，反而最能够提供"隐私"。在这里我们可以把过道视为一个拉图尔（Bruno Latour）意义上的行动体（actant）。住户们离开自己的房间"走到过道上"去谈话。正是那过道的宽敞和黑暗，利于四周观望、半隐半现的微笑以及秘密的交换。人们每次都悄悄走到过道里，有时是手挽手。一旦你听到他们缓慢的脚步声，就明白他们要开始私密的谈话了。同样的，楼梯也是一个开放的隔离带，用于违规的吸烟、喝酒、交易和午夜亲吻。然而，这种隐私依然是一种公开的隐私。

我们该如何解读这些集体宿舍中的社群关系与想象？集体宿舍绝不仅仅是隐喻而已，虽然苏联作家们确实创造了很多令人印象深刻的文学隐喻，例如将集体公寓比作"寡妇之船"；它们也不是寓言，像是在卡扎科夫（Kazakov）写的《小车站》（1962）中，一个乡村火车站被用于象征苏联式野心所导致的所有那些伤痛离别。而我在本文里讨论的集体宿舍，它的物质结构本身就切切实实地影响了社会生活的运转。虽然这种影响并不完全是对官方意识形态的简单反映。从这一点看来，建筑能够像一个棱镜一样运作：它将意义聚集起来又发散开去，然而并不是以随机的方式。正如一个棱镜的表面数量有限，它所折射的光线也是带有固定方向的。

本文来自《英国皇家人类学会学刊》(The Journal of the Royal Anthropological Institute) 2005 年第 1 期，经版权方授权翻译发表。

俄罗斯在海外

撰文：奥兰多·费吉斯 (Orlando Figes)

翻译：郭丹杰

在种孤立的环境中，侨民围绕着俄国文化符号团结了起来。作为他们民族认同的焦点，文化是他们在这个混乱与毁灭的世界中一个稳定的元素——这是旧俄国留给他们唯一的东西。

将 1917 年后的第一批俄国流亡者团结起来的，基本上是他们希望而且确信苏联不会持久，自己终将回到俄国的这个信念。他们将自己的处境与 19 世纪的政治流亡者类比，后者移居国外，在相对自由的欧洲与沙皇政权做斗争，而且最终回到了祖国。由于一直做好准备要回国，他们甚至从来都没有打开自己的行李箱。他们只承认自己是临时的流亡者。他们认为自己的使命是保存古老的俄罗斯生活传统——让孩子在俄语学校中接受教育，坚持俄罗斯教会的礼拜仪式，还有高举 19 世纪俄国文化的价值观与成就——这样在回国的时候他们就能全面恢复这些习俗。他们自视为已经被苏维埃政权毁灭的纯正俄罗斯生活方式的守护者。

在柏林、巴黎和纽约的"小俄罗斯"，这些侨民自己创造出了 1917 年之前"美好俄罗斯生活"的神话。他们回到了一个从未存在的过去——那个过去实际上从来不像这些流亡者想象的那样美好，或那样"俄罗斯"。纳博科夫将第一代离开苏俄的流亡者描述为"很难理解的一群人，他们在异国他乡复制着一个死掉的文明，那个遥远的、几乎是传说的、几乎像苏美尔一样远古的圣彼得堡与莫斯科在 1900 到 1916 年间的幻象（即使在当时的二三十年代，这听上去也像公元前 1916 到 1900 年）"。当时在私邸和租用的会所中有不少文学晚会，衰老的女演员发出莫斯科艺术剧院的怀旧回响，而平庸的作家"蹒跚在散文韵律的迷雾中"。（这些人们）午夜会在俄罗斯教堂中举办复活节弥撒，夏天会去比亚里茨（Biarritz）旅行（"像从前一样"），周末会在法国南部的契诃夫之家举办聚会，这让人们能够回忆起早已逝去的俄罗斯乡间"乡绅田园"的时代。那些在革命前以外国方式生活，或者从来不去教堂的人，当了流亡者以后却紧紧抱住了自己的本土传统和东正教信仰。俄罗斯的信仰在海外经历了一次复兴，侨民中经常谈论欧洲的世俗信念如何导致了革命，还表现出了一种 1917 年之前从未出现过的对于宗教的谨守。这些流亡者坚持说自己的母语，好像这就保持了自己的人格一般。纳博科夫在能进行俄语阅读之前就能读英语了，而在 20 世纪 20 年代初居于剑桥大学时，他变得非常害怕自己俄语能力下降，以至于决心每天阅读 10 页《达尔俄语词典》（Dahl's Russian Dictionary）。

流亡者与东道主互相之间的敌意使得他们更加强调自己的俄国性。特别是法国人和德国人，他们视俄国人为寄生于他们被战争摧残的经济之上的野蛮人；而这些俄国人虽然穷困，但总体来说比法国人和德国人读的书都多，于是认为自己高居这些"小资产阶级"之上（据纳博科夫说，柏林的俄国人只与犹太人来往）。在《说吧，回忆》的一个段落里仍然能感受到这种态度，纳博科夫在其中说他在柏林认识的唯一一个德国人是一位大学生：

> 他有很好的教养，安静，戴眼镜，他的嗜好是死刑……尽管我很久以前就失掉了迪特里希的行踪，我很可以想象他鱼蓝色的眼里平静的满足，正当他如今（也许就在我写下这行字的瞬间）给他捧腹大笑、拍着大腿的老战友们看一大批从未期望过的珍宝——他在希特勒治下拍摄的极其 wunderbar（德语"奇妙的，精彩的"）的照片。

侨民群体极高的艺术才能注定要将他们与自己身处的社会分割开来。"跟我们周围的这个或那个国家比，侨民聚居区实际上是一个文化更加集中、思想也更自由的环境。"纳博科夫在1966年的一次访谈中回忆道，"有谁会想要离开自由的区内世界，只为了进入外面陌生的世界呢？"此外，西方知识分子与逃离布尔什维克政权的俄国人之间还有政治隔阂，前者主要是左翼人士。贝蓓洛娃坚称"没有一个知名作家站在我们（侨民）一边"，实在很难反驳这一点。H.G.威尔斯、乔治·萧伯纳、罗曼·罗兰、托马斯·曼、安德烈·纪德、斯蒂芬·茨威格都表示支持苏维埃政权。而其他人，比如说海明威和布鲁姆斯伯里派基本对苏联国内发生的事情毫不关心。

在这样的孤立环境中，侨民围绕着俄国文化符号团结了起来，作为他们民族认同的焦点。文化是他们在这个混乱与毁灭的世界中一个稳定的元素——这是旧俄国留给他们唯一的东西。让侨民在内部政治纷争中拥有共同目的感的，就是要保存自己文化遗产的信念。侨民的"小俄罗斯"是他们的心灵家园。他们之为俄罗斯人，不在于属于那片土地，甚至不在于属于真实的俄罗斯历史（历史上没有一个俄罗斯历史时期能让他们围绕其统一起来：因为侨民团体中既有君主主义者又有反君主主义者，既有社会主义者也有反社会主义者）。

在这些社会中，文学成了人们的故乡，"重量级"文学刊物是他们主要的机构。这些刊物中既有文学，又有社会评论和政治探讨，它们将读者组织成了一个个思想团体，就像1917年它们在俄国所做的那样。每一个侨民的重要中心都有自己的重量级刊物，而每一份刊物又与代表不同政治观点派别的文学俱乐部和咖啡馆联系在一起。最畅销的刊物是在巴黎出版的《当代年鉴》（Современный записки），刊名来自于两份19世纪最负盛名的自由派刊物：《现代人》（Современник）和《祖国纪事》（Отечественный записки）。它宣示自己的使命是保存俄国文化遗产。这就意味着要主推1917年就已经成名的大人物——比如说伊凡·蒲宁、阿列克谢·列米佐夫还有（巴黎文学的女王）季娜伊达·吉皮乌斯等作家，这就让年轻或更具试验精神的作家很难出头，比如说纳博科夫和茨维塔耶娃。仅仅为了确保俄罗斯经典著作的存在，已经足以维持几十家出版社了。

普希金在海外俄国人中成了领袖般的人物。在没有任何其他历史事件能让所有侨民都统一庆祝的情况下，他的生日成了国庆日。普希金身上有很多让侨民感同身受的东西：他对俄国历史的保守自由主义路径、他将君主视为对抗革命暴徒的无政府暴力的堡垒而对其持有的谨慎支持、他坚定不移的个人主义与对艺术自由的信念，还有他也被俄罗斯"流放"（也就是离开了莫斯科和圣彼得堡）。也许侨民中诞生了 20 世纪中最杰出的几个普希金研究者并非巧合——其中纳博科夫就完成了《叶甫盖尼·奥涅金》的 4 卷注释英译本。

在巴黎的侨民中，蒲宁被敬为这种文化遗产的继承人，是屠格涅夫和托尔斯泰的现实主义传统在移民群体中活着的确证。正如蒲宁本人在 1924 的一次著名演讲中所说，"侨民的使命"就是通过从堕落的左翼现代派与苏维埃艺术手中保护这份遗产，来为"真正的俄罗斯"出一份力。蒲宁作为民族领袖的名号是在 1917 年之后才有的。在革命之前，许多人认为他并非第一流的作家：与更受欢迎的先锋作家比，他的散文风格显得沉重而传统。但是在 1917 年之后，侨民的艺术价值观发生了一场革命。他们开始拒斥他们认为与革命党人有联系的先锋文学，而且一旦身处国外，他们就在蒲宁那老派的"俄罗斯美文"之中得到了极大的慰藉。一位评论家说道，蒲宁的作品是"圣约的宝库"，是侨民与已经失落的俄罗斯之间的"神圣联系"。甚至身处柏林的高尔基一收到巴黎寄来的蒲宁新作，也会放下所有事情闭关攻读。作为现实主义传统的继承者，高尔基视蒲宁为契诃夫和托尔斯泰那已经断裂的传统中最后一位伟大的俄罗斯作家。蒲宁于 1933 年荣获诺贝尔奖，他是第一位获此殊荣的俄国作家。当时正值斯大林将苏联文化套进锁链之中，于是许多侨民将这次获奖视为对（文化意义上）真正的"俄罗斯在海外"这一事实的认可。很容易陷入英雄崇拜的吉皮乌斯称蒲宁为"流亡中的俄国总理"。还有人将他誉为将引领侨民重返应许之地的"俄国摩西"。

蒲宁在自己的故事中重现的那个俄罗斯是一个幻想世界。在《割草人》（1923）和《从容的春光》（1924）中，他描绘了一幅从未存在的旧俄国乡村幻象——一片阳光灿烂、有着原始森林与无边草原的乐土，农民辛勤而快乐地劳作着，与自然以及和自己一同耕种的贵族伙伴和谐共处。这与蒲宁在 1910 年发表的成名小说《村庄》（The Village）中以阴暗笔调描写的腐朽外省形成了鲜明而讽刺的对比。此时的蒲宁已经躲到他早期作品大力抨击的那种乡村幻想之中了。在流亡中，他的文学使命是将他想象中的俄国乡村生活方式与邪恶的城市进行对照，在那里布尔什维克主义已经败坏了古老美好的俄罗斯生活方式。但是他自己也承认，他描绘的那片土地是"关于过去生活的西天极乐"，是移身于"一种美梦"之中，而不是流亡者可以回到的一个真实的地方。对远离故土的艺术家来说，隐遁到幻想的过去也许是一种自然的反应。纳博科夫甚至从流亡经历中获得了艺术灵感。但是对蒲宁来说，在与故土隔绝的时候写作是非常艰难的。一个现实主义作家怎么能描述一个不复存在的俄罗斯呢？

"我们的悲剧"，妮娜·贝蓓洛娃就 20 世纪 20 年代年轻一辈的侨民作家说道，就是"我们不能发展自己的风格。"风格的更新对侨民来说意味着一个根本的问题。如果他们作为俄国艺术家的目的是保存民族文化，那么如果要发展风格，怎么能够不适应所处的新环境，因而在一定程度上抛弃俄国呢？这个问题影响到的主要是新一代的人，比如"在革命后涌现出来，一无所有的"纳博科夫等作家。蒲宁等老一辈的作家来到西方时已经有固定的读者群体和自己无法打破的写作风格了。在他们身上有太多的压力，要他们继续那种令人宽慰的传统——也就是写那种关于俄国士绅之家的粗制滥造的故事和戏剧。而那些想有所突破的人既不受褒奖，也无人理解。茨维塔耶娃的悲剧——失去了把她捧成了前革命时代先锋诗人新星的读者——只是这种体验的另一个变种。

甚至前政治家、历史学家和巴黎《最新消息》（Последние новости）的主编米留科夫也说过，"我不理解茨维塔耶娃"。但是对纳博科夫这样还没找到自己立足点的作家来说，没有理由回到过去，也没有什么前途。老一代的人日渐凋零，而随着新一代的人逐渐融入欧洲主流文化，他们身上俄罗斯的东西越来越少。为了创造出新的读者群体，这些作家必须打破条条框框。

纳博科夫是第一位完成了这场文学转型的重要作家。贝蓓洛娃说，在她那一代的俄语作家中，他是唯一有能力不仅开创出新的写作风格，也能赢得新读者的人。"通过他，我们学到的不仅是对小说主人公的感同身受"，——那是19 世纪的作家希望读者获得的，"而且能与作者，与纳博科夫有同样的感受，他的人生主题也成为了我们的主题。"纳博科夫总是宣称他的作品与俄国或侨民无关。但是流亡仍然是它们的核心主题。虽然他将其视为普世的主题，是对人类生活状况的隐喻，但是在 20 世纪 20 年代的柏林，俄国侨民在接受纳博科夫作品的表象时，是将其作为自身民族认同的确证的。纳博科夫的作品是"俄国"（蕴含于其文化中）在西方与他们同在的证明。在他的第一部伟大小说《防守》（Защита Лужина，1930）于 1930 年发表时，贝蓓洛娃说道，"一个伟大的俄国作家诞生了，就像凤凰在革命与流亡的灰烬中重生一般。我们的生存获得了新的意义。我们这一代人的存在都有了正当的理由。我们得救了。"

　　流亡是纳博科夫无处不在的主题，虽然早在革命将他早年景象一扫而光之前，他就已经发现了"思乡的酸楚与欣悦"。纳博科夫生于 1899 年，是圣彼得堡的一个富有文化的显赫自由派贵族家庭的长子，他们一家于 1919 年逃离了俄国。他的祖父德米特里·纳博科夫在亚历山大二世在位晚期担任过司法大臣，当时这位皇帝已经考虑按照欧洲模式采用一部自由宪法了。在于 1885 年被解职之前，他一直在反对亚历山大三世推翻 1864 年自由主义司法改革的企图。这位作家的父亲 V.D.纳博科夫是一位知名自由派律师，也是 1906 年第一届杜马中一位颇具影响力的宪政民主党成员。他起草了在 1917 年的二月革命中短暂受邀登基的米哈伊尔大公的退位宣言，从而为君主制画上了正式的句号。他还曾担任过临时政府的秘书长，大概是内阁的执行秘书一类，而且在制订立宪会议的选举制度的过程中起了领导作用。布尔什维克夺取政权后，纳博科夫一家被迫离开俄国，先是去了伦敦，之后来到柏林，在那里这位作家的父亲担任报纸《Rul》的主编，直到 1922 年被一位俄国君主主义者刺杀。在他作为身处欧洲的俄国作家的生涯中，纳博科夫一直使用"西琳鸟"（Sirin，俄罗斯神话中一种生活在天堂里的虚构鸟类的名字）这个笔名，以将自己与在侨民群体中很有名的父亲区分开来。

　　纳博科夫家有很强的亲英倾向。他们家在圣彼得堡的别墅中满是"盎格鲁－撒克逊文明令人舒适的产物"，纳博科夫在《说吧，回忆》中写道：

　　　　我们洗晨浴时用的是梨牌肥皂，干燥时沥青般黝黑，放在湿润的指间举到光亮之中则有如黄水晶。打开那只英国可折叠浴缸的一片橡皮开口，把里面满是泡沫的东西倾倒进污水桶，浴缸分量也随之变得越来越轻，那真是令人愉快。"我们再也改进不了膏油，于是我们改进了管子，"英国牙膏说。早餐时，从英国进口的戈尔登糖浆会以其闪亮的圆圈缠绕着翻转的勺子，直到足够的糖浆从勺子里滑到了一片俄国黄油面包上。各种各样舒适、甘醇的物品有条不紊地从涅瓦大街的英国商店里来到家里：水果饼、嗅盐、纸牌、游戏拼图、条纹运动衣、白如滑石的网球。

纳博科夫在能阅读母语之前就已经被教着读英文了。他和弟弟妹妹是被"经常换的一系列英国保姆和女家庭教师"看大的，她们会给他们读《小公子西迪》(Little Lord Fauntleroy)，长大些又读《苏菲的烦恼》(Les Malbeurs de Sopie)、《环游世界八十天》(Le Tour du Monde en Quatre-vingts Jours) 和《基督山伯爵》(Le Comte de Monte Cristo)。在某种意义上，纳博科夫是被当作侨民养大的。上学的时候，他会将自己和别人隔绝开，想象着自己是"一名流亡诗人，向往着一片遥远、忧伤而——永不毁灭的俄罗斯"。普希金给了纳博科夫灵感。他小说中的很多主角都是那位隐匿起来的诗人。纳博科夫自视为普希金的继承者。实际上，在 18 岁那年全家逃离布尔什维克政权来到克里米亚的时候，他在文学中找到了一个避难所，当时他从自己作为浪漫的流亡者这个意象中得到了灵感，循着了一百年前曾被流放至此的普希金的足迹漫步。他第一部发表的诗集《天路》(1923) 的扉页中，就有一段来自普希金的诗作《无题》的题词。

他们家从克里米亚去了英格兰，纳博科夫于 1919 至 1922 年间在剑桥大学的三一学院完成了学业。战后英格兰的现实情景与纳博科夫在圣彼得堡别墅中了解到的那个盎格鲁－撒克逊梦幻世界相去甚远。三一学院的房间阴冷潮湿，食物说不出的差劲，而学生俱乐部里也满是天真的社会主义者，比如说《说吧，回忆》里只看到俄国过去的坏与布尔什维克的好的那个叼着烟斗的"奈斯比特"。 纳博科夫越发思乡了。"我在英国读大学那段时光的故事，实际上就是我试图成为一个俄国作家的故事"，他回忆道，"我感觉剑桥与它所有著名的特征——令人肃然起敬的榆树、有纹章的窗子、喧闹的钟塔——它们本身并没有什么重要的，而只是为了铸造和支撑我浓烈的乡愁而存在的。"

纳博科夫对俄国渴望的聚焦点就是他位于圣彼得堡附近维拉的家族庄园。那里有着他的童年回忆。在《说吧，记忆》中，他说在年幼的五岁时就第一次体会到了乡愁的冲击，那时正在欧洲度假："我会用食指在枕头上画出通往我们在维拉的家的马车路径"。失去维拉是极端痛楚的——也许比失去大部分家产或祖国，那个除了圣彼得堡和维拉以外他几乎一无所知的祖国，还要痛。在《说吧，记忆》中，他特别强调了这一点。

在阴郁的剑桥生活中——三一学院的早餐粥"像大英博物馆大中庭之上的天空一样灰暗"，他于 1920 年 10 月给定居于柏林的母亲写信说：

> 亲爱的母亲，昨天我在深夜中醒来，问了某个人——我不知道是谁——我问夜色，问繁星，问上帝：我真的再也回不去了么？它是不是真的已经结束了，一扫而光了，摧毁殆尽了？母亲，我们必须要回去，不是吗？这一切不可能都死去，化为尘土了——这个想法会让人发疯的。我想要描述维拉庄园里的每一株小树，还有圣园中的枝干——但是这没人会懂。我们对自己的天堂看得多么淡漠啊！——我们应该更直率、更有意识地去爱它。

这种对维拉的乡愁正是《说吧，记忆》的灵感来源。在这本书中，他怀着爱意描述了"每一棵小树"，努力要重现他的童年回忆与渴望。这是一种关于时间与意识之蜿蜒的普鲁斯特式叙述。纳博科夫的"记忆"是创造行为，将那个通过联想与当下混在一起的过去复活了，于是记忆本身就转换为了一种人格，一种艺术。他曾写道流亡者对时间有更敏锐的意识。他有着通过语词重新创造出过去情感的超凡能力，这无疑是他流亡生活带来的福利。

流亡是贯穿纳博科夫作品的一个主题。他于 1926 年在柏林出版的第一部小说《玛丽》意在描绘侨民的生活状况，尽管纳博科夫在 1970 年英文版的导言中强调了它的自传性质。在对玛丽的追求中，主人公加宁成为了这位流亡者美梦的象征：寻回与重返那失去的俄国早年生活的希望。在《荣耀》（1932）中，主人公马丁·埃德尔韦斯是一名来自克里米亚、在剑桥大学读书的流亡者，他梦想着回到俄国。在他来到柏林，穿过森林，越过俄国边境之后，他开始了幻想，幻想自己再也无法回国了。《礼物》（1938）的主题同样是"流亡的阴郁与荣耀"。它是纳博科夫全部俄语小说的主题（共9部）。它们的悲剧性角色都是侨民，在异国他乡中迷失着，孤立着，或者被那个再也寻不回的——除非通过幻想或艺术的创造性回忆——过去所萦绕。在《礼物》中，主人公费奥多尔·戈东诺夫 – 切尔登采夫是一位作家，他通过自己的诗而重现了俄罗斯的文学生命。在《荣耀》与《幽冥的火》（Pale Fire，原文为英文，1962）中，主人公为了逃避流亡生活的痛苦，而生活在对俄罗斯的幻梦中。纳博科夫在《幽冥的火》中对称作冷珀（Zembla）的"遥远的北方"的思想揭示了他对流亡的反应：

1. 冷珀的影像一定要缓缓地逐渐爬上读者的心头

……

4. 没有人知道，也没有人应该知道——甚至金波特也不知道——冷珀是否真的存在。

5. 冷珀与它的特征应当保持一种流动的、模糊的状态……

6. 我们甚至不知道冷珀是纯粹捏造出来的，还是一种对俄罗斯的抒情譬喻（冷珀：Zemlya[俄语中的"土地"]）。

在纳博科夫的第一部英语小说《塞巴斯蒂安·奈特的真实生活》（1941）中，流亡主题以另一种方式出现了：身份分裂。主人公塞巴斯蒂安是一部传记的主角，表面上作者是他的弟弟，但故事逐渐显示出"他弟弟"就是真正的塞巴斯蒂安。这种混乱与内心分裂的感觉是许多侨民都体验过的。霍达谢维奇在《索伦托照片》（收录于诗集《欧洲之夜》（European Nights，1922—1927））中感人至深地描写了这一点，他将流亡者分裂的意识——那种家乡与海外两种生活影响在头脑中造成的混乱——比作胶卷被曝了两次光。

纳博科夫从用俄语写作转向用英语写作的过程是个复杂的故事，与他接受了新的（美国人）身份紧密相连。这一定是一次痛苦的转变，这是素以行事高调著称的纳博科夫一直很喜欢强调的。他说，那"就像在一次爆炸中失去了七八根手指之后去学习如何抓握东西"。

在他的一生中，纳博科夫一直在抱怨用英语写作的困难——也许说得太多了以至于让人无法全信（他在一封给友人的信中承认自己"最好的作品是用英语写成的"）。甚至在他的文学造诣达到高峰的时候，他在《洛丽塔》1956 年版的后记中还是说放弃自己的母语是他"个人的悲剧"，那就是放弃了奔放的、丰富的、无限温柔的俄语，而改用英语这个没有这些词语中任何一个的二流语言——令人困惑的镜像、黑色天鹅绒幕布、引申出的联想和传统——而一位俄语魔术师就能够神奇地用它们来以自己的方式超越过去的遗产。

但是虽然这样的说法很讨人喜欢，他的成就仍然是不可否认的。一位被誉为现代英语文体大师的作家作为一个外国人写下这样的话，实在是很不平凡的。用他妻子薇拉的话来说，他不仅"全靠自己从一种非常特殊而复杂的俄语中转出，且他在多年来砥砺这种俄语的过程中，它已经成为了对他来说独一无二的东西，他对它也有特殊的感情"，而且拥抱了"一种他之后使用，而且使其服从自己意志的英语，直到在他的笔下，它达到了之前从未有过的韵律感与灵活性"。她得出的结论是，他所做的事情是替代他对俄语的热恋的权宜婚姻，"有的时候权宜婚姻也会转变成温柔的恋情。"

纳博科夫一直想成为下一个普希金，直到革命摧毁了他的计划。在余生中，他都扮演着受伤天才的形象，虽然实际上他的英语写作风格——他五岁时就已经形成——一直与他的俄语风格相当，恐怕甚至还略胜一筹。但是流亡之后，纳博科夫马上就有了在虚无中写作的感觉。从苏维埃政权手中逃脱之后，他开始感到自己享受到的自由是因为他在真空中工作——没有读者，也没有可以描绘的公共环境——于是"这一切达到了某种脆弱的虚幻氛围"。

需要听众是纳博科夫转变的根本动机。正如他自己解释道，一个作家"需要某些回应，如果不是回复的话。"随着侨民的孩子融入了他们生活于其中的文化，他的俄语读者群体每年都在减少。对纳博科夫这样的年轻俄罗斯作家来说，实际上不可能仅靠写作生活，而且竞争也很激烈。"进入文坛就像是要挤进一辆人满为患的电车一样。一旦进去了，你就要尽全力把任何想爬上来的新来者推开"，另一位作家格奥尔基·伊凡诺夫抱怨道。

随着希特勒于 1933 年掌权，成千上万的俄国人逃离柏林之后，在这座城市的生活尤其艰难。纳博科夫一家当时住在这座德国首都。他们生活贫困——薇拉给别人当秘书，纳博科夫开办私人英语和法语班。但是很明显，他们也必须要离开了。薇拉是犹太人，而且刺杀纳博科夫父亲的凶手谢尔盖·塔博瑞斯基在 1936 年被任命为希特勒侨民事务部门的二把手。纳博科夫不顾一切地想在伦敦、纽约、任何希特勒治下德国以外的地方找一个学术职位，最终在 1938 年移居巴黎。在这里纳博科夫一家做好安排于 1940 年春前往纽约，当时距德军抵达巴黎只有两周时间。在他们布洛涅森林附近的公寓中，纳博科夫将自己锁在浴室里，把手提箱放在坐浴桶上，坐在上面写出了通往英语文学世界的入场券：《塞巴斯蒂安·奈特的真实生活》，这本书于 1941 年在纽约出版。

纳博科夫前往纽约是由亚历山德拉·托尔斯泰安排的，她是那位伟大小说家的女儿，也是刚刚设立的托尔斯泰基金会的负责人，其目的是保护留美俄国侨民的利益。第二次世界大战的爆发引发了一大批知名侨民离开了希特勒统治的欧洲：爱因斯坦、托马斯·曼、赫胥黎、奥登、斯特拉文斯基、巴托克，还有夏加尔。他们都在美国找到了新家。纽约有很多俄国侨民，是美国的俄国文学首都。在这里出版的俄语日报《新俄语》（Новое Русское Слово）在全国有 50 万读者。纳博科夫一家住在中央公园附近的西 87 街的一间"可怕的小公寓"中。作为一名作家，纳博科夫在美国的侨民中还不很知名。直到同时带来丑闻与成功的《洛丽塔》——1952 年完稿，但直到 1955 年才出版——为止，他一直挣扎着靠写作过活。就像他的小说《普宁》(Pnin, 1957)的主人公一样，他也被迫依靠在斯坦福大学、卫斯理学院和康奈尔大学等高校做临时演讲维持生计。他的经济紧张并没有减损纳博科夫的高傲。当拉赫玛尼诺夫给这位挣扎中的作家寄去自己的旧衣服时，纳博科夫——他曾经是公子哥，还是整个圣彼得堡历史上可能穿着最讲究的人的儿子 ——把西服退给了这位作曲家，抱怨道它们是在"序曲的时代"做的。

"现在美国就是我的家了，"纳博科夫在 1964 年的一次访谈中说，"我是一位美国作家"。虽然他有时对美国的描绘很尖刻(最有名的就是在《洛丽塔》中)，但他的这种感情似乎是真挚的。纳博科夫很喜欢装扮成真正的美国人。在革命中，纳博科夫失去了在旧世界的祖产，但在新世界，他通过辛苦工作和聪明才智赢得了新的财富。《洛丽塔》带来的巨额收入是他作为一个美国人成功的勋章，他非常骄傲地将它挂在胸前。"一位来讨生活的欧洲人成了自己的美国富叔叔，这在历史上是唯一已知的一例，"一位心怀嫉妒与仰慕的评论者这样说到俄国侨民作家瓦迪姆（即纳博科夫）（1974 年的《瞧这些小丑！》*Look at the Harlequins*）。纳博科夫不能容忍任何对美国的批评，他是一位爱国者。终其一生，他都信守着 1945 年宣誓加入美国国籍时许下的誓言。当加利马尔为法文版《普宁》设计的封面上画着普宁教授站在美国国旗上时，纳博科夫提出反对将星条旗"用作一个地板覆物或者路面铺设。"

　　纳博科夫的反苏政治态度是他美利坚至上信念的核心。他与麦卡锡站在一边。他蔑视那些同情苏联的自由派。他拒绝与苏维埃俄国有任何瓜葛——即使是在它还是西方盟友的二战高潮期。当纳博科夫于 1945 年得知瓦西里·马克拉科夫，俄国侨民在法国的正式代表，曾经去苏联驻巴黎大使馆参加过午餐会，而且曾经在祝酒时说"致祖国，致红军，致斯大林"时，他愤怒地给朋友写了一封信：

　　　　仅在一种例外情况下，我可以理解一个人违背自己的原则。那就是：如果他们告诉我，我最亲近的人是否会遭受折磨全看我怎么回答，我会马上同意做任何事情，不管是背叛自己的意识形态还是做邪恶的事情，甚至让我满怀爱意地站在斯大林一边都可以。马克拉科夫是处在这种情况下吗？明显不是。

　　　　剩下的就是给侨民分分类了。我把他们主要分成五类：

　　　　1. 鄙俗的大多数。他们讨厌布尔什维克，是因为对方夺走他们的那点土地和金钱，或者伊利亚和彼得罗夫的十二把椅子。

　　　　2. 梦想来一场大屠杀，让罗曼诺夫王朝复辟的人。他们现在与苏联人称兄道弟，因为他们觉得所谓苏联就是俄罗斯民族的苏联。

　　　　3. 傻瓜。

　　　　4. 懒人、俗人、野心家之间的那么一类人。他们只追求自己的好处，心安理得地为任何领袖服务。

5. 热爱自由的正派人，俄罗斯知识分子的坚守者。他们毫不动摇
地蔑视对语言、思想和真理的侵害。

纳博科夫认为自己属于最后一类。在他的俄罗斯文学课程上，他拒绝讲授
1917 年之后的任何文学，虽然在康奈尔大学的课上他做了一点让步，讲了阿
赫玛托娃和帕斯捷尔纳克的诗。纳博科夫认为共产党政权阻止了"真正的文学"
的发展。他对 19 世纪用文学反映社会内容和理念的现实主义传统也同样抱有
敌意，他正确地将其视为苏联文学方法的前身。他正是基于此来批评《日瓦戈
医生》（"沉闷的传统作品"）——这本书与《洛丽塔》在 1958 年争夺着畅销
书榜——和索尔仁尼琴的《古拉格群岛》（"生动的新闻体小说，缺乏形式上的
美感而且冗长拖沓"）（1973—1975），虽然这其中肯定也有点嫉妒的作用（因
为与帕斯捷尔纳克和索尔仁尼琴不同，纳博科夫没有得过诺贝尔奖）。但是尽
管在政治上排斥，他对俄罗斯传统还是有很深的依恋。他渴望用母语再写一部
小说。他感到自己，以及所有最优秀的侨民都有着某些他笔下的悲剧英雄普
宁——这位装模作样、品格高尚的俄国侨民教授——身上的东西。

1965 年，纳博科夫完成了《洛丽塔》的俄文版。在英文版的后记中，他
将从俄语转用英语说成是"个人的悲剧"。但是在俄语版后记中，他一开头就
承认将自己的文字翻译回俄语令人幻灭：

> 唉，"美妙绝伦的俄语"，我认为它就在某处等着我，就像春天
> 忠实地躲在紧锁的大门后，只等我用珍藏多年的钥匙打开，现在却证
> 明是子虚乌有。在大门外只有烧焦的树桩和令人绝望的秋景，而我手
> 中的钥匙也更像是撬锁的工具。

在纳博科夫离开故土之后，俄语一直在持续演变，而"令人困惑的镜像、
黑色天鹅绒幕布、引申出的联想和传统"，这些他在早期俄语小说中像魔术师
般运用的词汇，现在的苏联读者已经无法理解了。

历史学家与法官

撰文：保罗·利科（Paul Ricoeur）
翻译：黄怡芸

> 像历史学家一样谈论"纳粹罪行的独特性"要求我们预先将独特
> 性——或者像我们之前曾提到过的，唯一性——这一概念进行分析，
> 这是历史批判哲学所要求的。

历史学家与法官之间的职责对比，毫无疑问是让人期待的。但是，为什么要在我们研究的当前阶段，在对历史知识局限性的批判性思索的框架下，提出这一问题呢？原因在于，历史学家追求真实，法官追求公正，这样的意愿支配了他们的角色，而相对于社会活动的主导者，这种角色往往处于公共空间第三方的位置。第三方的位置要求他们许下追求客观的誓言，这一抱负可能比上文谈到的两种意愿更为谦和。更何况，该誓言被历史学家和法官这两种截然不同的社会活动者所分享，就已经证明了其内部局限性。此外，除历史学家与法官以外的角色也可以要求客观的立场：在民主国家传授知识和价值观的教育工作者，成为仲裁方的国家及其政府，最后并且最重要的是身处近似于卢梭《社会契约论》以及约翰·罗尔斯《正义论》中"无知之幕"中的公民自身。这个与第三方紧密相连的客观性誓言从属于历史批判哲学，因为对真实和公正的追求

必须被谨慎地守护在其合法性完整的范围内。所以，我们需要从绝对第三方不可能存在这一点出发来考虑上述追求客观的誓言。

首先，我们来简单谈谈客观性，这是所有被要求成为第三方的人的共同理智和道德基础。托马斯·内格尔在《平等与不公正》中说得很好，在名为《论观点》的章节中，他这样定义一个公正的法官："我们的经验以及大部分欲望都来源于个人观点：可以这样说，这是我们审视事物的出发点。我们也可以以抽象的方式思考世界，从我们自己独特的角度出发，而不考虑自己的身份。更彻底地将自己从世界的偶然事件中抽身出来也是有可能的……我们中的每一个人都带着一系列关注点、欲望和个人利益，并认同这是一个也适用于他人的事实。然后我们就可以通过思想，将自身从我们在世界中占据的特殊位置中抽离出来，去关注所有人而并不用分辨'自我'这一处境。"这样的观点，也可以说是一种非观点，可以被称作是普遍性的。它不仅是认知层面的，也是道德层面的。我们可以把它视作一种理智的德性。其认知层面与观点内部的分裂有关，道德层面则与对不同观点间价值与尊严之平等的含蓄确定有关，一旦其他观点被看作是他人的观点："在第一阶段，从普遍性观点突显出来的基本意志是'每一个生命都有价值且同样重要'。"而且，"我们应该假设自己生活在仁慈公正的观众的领导下，在这样的世界里我们只是亿万人中的一个"。托马斯·内格尔的作品随后通过平等的概念，讨论了公正的概念对于一种正义理论的贡献。我们会通过衡量法官公正的价值以及历史学家公正的价值来应和其观点。二者担负的职业道德相同，可以用那句著名的格言"nec studio, nec ira"也就是"无好处也无怨言"来概括——没有同情，也不带报复心理。

历史学家和法官是如何遵守这个记入其职业道德守则的客观性条款，又能做到怎样的程度呢？此外，他们受到了哪些社会、政治、个人或团体力量的帮助呢？这些问题同样是其他问题的延伸，这有关于历史将自己独立于所有言论之外的抱负，以及当下这个时代如何评判一切在此之前出现的现代的形式。历史学家与法官之间的职责对比在多个方面都被视作经典。但我仍想在需要考察的问题列表（两个学科认可的发言人们对这些问题达成了广泛的共识）中，加入对更具争议的思考的介绍，这些思考是由于 20 世纪末极端暴力、残忍和不公正事件的大量爆发而生发出来的。不过，这些事件在上述两个职业领域引发了激烈的动荡，这场动荡在舆论中留下了翔实的文献记录，并很可能丰富和更新一个因为在专家间很容易因达成共识而结束的讨论。

既然我们关注的是法官和历史学家这两种职业里最普遍和最稳定的限制——至少在西方地缘政治范围内，在被历史学家称为"现代"和"当代"以及"今天的历史"的时代——那么规定比较的起点就显得很有必要：它存在于将法庭处理的案件与在档案框架内开始的历史学批评区分开来的结构性差异。在这两种情况下，涉及同样的言语结构，也就是证词，我们在上文中已经研究过，从根植于陈述性记忆的口头语句，再到被记录在政府机构框架下整理并保存的文献（一个机构通过文献保存其活动痕迹以便后续查阅）海洋中。借这次研究的机会，我们可以考虑一下从日常语境进入到历史及司法领域时证词的作用与路径的分歧。在强调证词在法庭上和在档案中最明显的不同作用之前，我们可以先停下来看看二者的两个共同特征：对证据的关注，以及对证人可信度的批判性审查——这两个特征紧密相关。卡洛·金兹堡在一篇题为《法官和历史学家》的简短文章中正面引用了路易吉·菲拉乔里的话："也就是说，诉讼是'历史学试验'的唯一情况——在诉讼时，证据资源得到'活体'陈述，这是因为它们是直接获取的，而且会一条条相互对质并接受交互询问，促使其再现审理的案件原委，就像一部心理剧一样。"事实上，在司法背景下，这种证据作用的模范性只有在预审初期才可能完整地起作用，在有些司法体系中，这个环节与审讯的中心环节是有所区别的。有关证据和诚实的问题也是在这个限定的框架内提出的，主要是在陈述供词时，尤其是其可信度及诚实性并非无可辩驳的时候谈到的。诚然，协调性原则的应用以及对独立证实的供词的使用完美地诠释了历史编纂学家金兹堡有关"证据范式"的论点：证词的口头性以及经由尖端专家证实的证据的物质性间的互补；都与"小错误"有关，而那通常是不真实的标志；同样将审问和玩弄所有想象中的可能性放在优先位置；相同的识破矛盾、前后不一致以及不可靠的洞察力；同样对沉默、自愿或不自愿的遗漏的关注；最后是相同的对语言造假资源（错误、谎言、自欺欺人以及幻觉方面）的熟悉。从这一点看，法官和历史学家都是揭露过去的虚假的专家，并且在这个意义上也都是操纵怀疑的大师。

诚然，现在到了与金兹堡一起回忆的时机。"historia"（历史）一词同时来自于医学用语、司法领域的辩论术以及庭前说服术。难道历史学家的行为举止不是经常与诉讼律师一样，就像法国大革命前的法国历史学家轮流对丹东、吉伦特派以及雅各宾派提供辩护或表示反对那样吗？但更重要的是，金兹堡对证据近乎排他的坚持是与他跟正逐渐向历史学家们灌输怀疑论的海登·怀特等人的斗争联系在一起的："对于我"，金兹堡强调，"以及许多人来说，有关证据和真实的概念是与历史学家这一职业完全矛盾的……现实原则不能对表征分析置之不理"。"二者（历史学家与法官）的职业是建立在依据一定的规则来证明 X 造成 Y 的可能性上；X 可以不加区别地代指一件历史事件的主导者或一个牵涉到刑事诉讼的主体，如有需要可以是匿名的；而 Y 则可以指代任何一个行为"。

然而，诉讼为历史学家以及法官提供了判定的原始资料，这一论断本身就存在局限，尤其在调查法官的审理层面。巫术案中最离奇的假设不是曾长期无人辩驳，直到罗马宗教裁判所要求法官提供证据，也就是"客观证实材料"，才重获关注的吗？一些审理叛国、阴谋和恐怖主义的现代诉讼案件，不是也延续了统治宗教审判案件的病态主导精神吗？但是，我们上文针对历史学家表征复杂性做出的思考，应该可以使我们提防过于草率地依赖"现实原则"。

因此，重要的是从头开始重新考察审讯范例，并引领其超越初步调查阶段——也就是预审阶段——再使其跨过构成诉讼的辩论阶段，并最终抵达其结论，也就是判决的宣布。

请记住，诉讼建立在一个关系网上，其中的各个元素以不同的方式明确表述审讯的典型情景——利益、权利以及象征性争议物品相对抗的情景。这样看来，叛国、颠覆、阴谋以及恐怖主义案件并不具有范例作用，因为这些案件并不直接关系到安全性，而它正是人们生活在一起的首要条件。关于私有财产分配的争议，对于我们现在讨论的问题来说更具教育意义：在这一方面，违法、轻罪甚至重罪行为把可以比较并可公度的要求放在一起——这与前面提到的重大罪行案件不同。那么，违法就成了一种互动，当然是暴力的，但是其中牵涉到多个参与者。

诉讼之初将可疑的事实摆上舞台，从而在排除其纯粹有效性的条件下对其进行再现，并使违法（一个作案个人违反假定所有人都知道的法律法规，损害受害者的利益，受害人有权要求控告得到预审，且使其损失得到弥补或赔偿）更清晰透彻。过去发生的事实只会依据诉讼之前认定的违法犯罪性质进行再现。这些事实被重现于当下，而对案件的最终决断，也会在对其未来的社会影响的考虑之下进行。在这里，时间的关系值得注意：现实的重现旨在将事件搬上舞台，使其戏剧化，这相继激起了帕斯卡式以及莫里哀式的讽刺，并引发了对其二级功能有意识的合法化的审慎话语；仅在话语层面进行的情景再现，其鲜活的现时性十分清晰，其重要性已在前文与对文学重现过去的表达性联系起来进行过说明。它仅仅为刑事诉讼支配的社会常规所庆祝，因为这样可以赋予司法判决以公开的结构和高度。这其实只是应对时间在犯罪过程中留下的各种痕迹（物质的、情感的和社会的）的损耗的一种做法。安托万·加拉蓬提起过让·阿梅里在这方面的论述，"时间的道德反转过程"，请参考有关"遗忘"的章节中对近乎生物性的时间的更直接的探讨。哲学家、法官安托万·加拉蓬还引用了艾马努埃尔·勒维纳斯的表述——"司法第三方面前的共同存在"。众多事实的重现不仅是额外的并与其有直接关系的道德资格，同样也是敌对双方的表现，所有主角之间的对质，所有人的出庭，与之相对应的是档案阅读者的寂寞，其沉默只有历史学家可以打破。如此，诉讼将重建的过去时间搬上舞台，其中自身已经构成记忆考验的事实成为了目标：除了施加于其个人历史定义的人身伤害以外，契约的破裂，财产和权力权威地位分配层面的争议，以及其他或轻或重之罪，足以构成记忆伤害，需要进行记忆和哀悼的工作，以使各方从创伤性舞台到象征性舞台。我们需要将20世纪下半叶的重大刑事审讯，以及其沿着不常见的分歧道路所取得的进步放置在这样一个背景之下来看。

这就是诉讼的情景，其可与历史学调查相比较的特征有两种。第一种有关协商阶段，第二种涉及判决的结束阶段。在协商阶段，诉讼大体上包括一个涉及多个主体的言语仪式；它建立在论据攻击（对立双方拥有平等的话语权）上；这一有组织的辩论有意识地要成为滋养冲突的激情，并在言语的竞技场中传达对话范例。这一连串交叉的话语，以及其实际运用的演绎推论，明确地表达了一方对另一方的论证时刻和阐释（同时对可疑事实的叙述序列的一致性以及用于从刑事角度定性事件的法律法规的适当性）时刻的针锋相对。当这两条阐释线路相交时则产生判决，也就是名称绝佳的"arrêt"（法语中，该词既有"判决"也有"停止"的意思）；在这一点上，刑罚的惩戒层面作为处分就不会遮盖判决的主要作用，也就是在一种确切的情境下宣布法律；因此，判决的惩罚作用应该被视作从属于恢复公共秩序及受害方尊严的作用。

余下的就是，判决以其决定性的特征突显法学与历史学在处理相同事实时所采用的方法之间最显著的不同：被审判的事件可以受到公众舆论的质疑但不会因此而再审，也就是"一事不再理"原则；而再审则是"一件只能用一次的武器"（安托万·加拉蓬）。相反，缓慢的审判或诉讼过程可能会在罪行伤害之上加诸新的伤害。而不做审判则会使这种伤害遗留下来，在受害者遭受的伤害上增添不了解和被抛弃的痛苦。审判结束后，对于被判决人来说开启了一个新的时期，一个新的前景，这其中会将被归于"遗忘"和"原谅"栏目下的选择作出开放。如果是这样，那是因为判决结束了一系列的审判并且产生有益于法律、公共秩序以及受害人自尊的结果，而对于被判刑者来说，尤其是在被监禁的情况下，判决留下的是难以平息、无法清除的记忆，使病人的未来有可能遭遇新的暴力。

那么，法官和历史学家职责的比较究竟如何展开？我们刚才讨论过，法庭中宣告判决的条件在与历史学家面对错误和不公正时所坚守的共同阵线上打开了一个缺口。法官必须审判——这是他的职责。他有义务做出结论，有义务拍板钉钉。他应当根据专横的二进制拓扑结构，在罪犯和受害人之间建立恰当的距离。所有这些，历史学家都不做，也不会做，更不想做；如果他冒着成为唯一的历史法庭的风险想要尝试，那么其损失就在于认识不到一个判断的不可靠性（其不公正性以及战斗性则会被承认）。但是，他大胆的判断随后被呈至历史学家行会以及开明的公众面前进行评论，他的作品经历无数的修正过程，以至于历史写作成为了一种持续的改写。接受改写表现了暂时性的历史判断和决定性的司法判断之间的区别。出现在公正骑士守卫的阵线上的缺口随着判断最后阶段的到来不断扩大。由个体犯罪原则支配的刑事判决，本质上只会受理有特殊名称、并且需要在开庭前指明身份的被告。

这些诉讼都是特定的，至少可以视作是一个集体行为中主要人物的显著的、可辨认的贡献——"合伙"作案的情况也是如此——这些"贡献"由法官从叙事和规范性角度研究审查；判决建立于叙述序列假定的真实性以及被告所担负的可归罪性之间的契合上——这一和谐中，解释与阐释在宣布判决的时刻相结合——仅在预先选取的主导者和罪行所划定的界限内起作用。至于我们之前曾谈到的将审讯的公开性质描绘为舞台化，所有主导者都必须出庭，这种形式使得行为与人物的限定更加清晰。司法舞台原则上就是有限制的。当然，法庭不会禁止其调查范围在时空上扩大至罪行周围，并且超越被告的生平经历。促成行动的诸多情节包括外部影响、压力、强制力，以及作为背景的社会严重骚乱，违法犯罪活动逐渐成为其症状之一。终究是一位法官撰写了《卷入故事中》这本书。一切就好像是本应结束初审的公开审理重新开始了初审程序。但是，无论如何，过分迁就犯罪情节以及其无限期开放的同心圆所达成的证明无罪的效果，将最终因为恰当的提请注意审讯规定（也就是审判特定的人和他负有责任的特定的案件，不排除需要将判决与可减轻量刑的情节相协调的可能性，如有需要，情节的相对分量在服刑时由法官减扣）而解除。潜在的无限解释圈随着判决产生无情地封闭了，而判决最终只可能是定罪惩罚或宣告无罪。如此，人们感受到司法话语断然的刀刃。

这些法官谨慎打开然后关闭的圆圈，被历史学家又一次地开启。因为行为（其个体主导者因此被追究责任）构成的圆圈只可能被融入编年史领域，我们在前文中曾讨论过，编年史本身可以被认为是期限和因果关系堆中的一层。罪行作为事件之一，任由其与形势和结构排列在一起，从而构成序列。在"年鉴"时代过去后，虽然历史学开始更加注重历史主体的参与，虽然它给予与个人或集体行动（社会关系源自于此）相关的荣誉地位，但这些有条理的功能性表现仅仅被历史学家视为集体现象。在微观史学领域也是如此，前面提到的法庭对人格个性的调查可以合理地与其进行对照。只有个体介入——在哪怕是最小的社会——所留下的印记才具有历史意义。

因此，历史判断与司法判决之间的不协调表现在最后阶段，并在这一终点之后不断扩大；它影响了司法和史学活动的所有阶段，以至于人们会怀疑法官和历史学家是否使用同样的耳朵聆听证词（即两种职业活动共同的起始结构）。

20 世纪中期极权或独裁制度在全世界各地曾犯下滔天罪行，如果我们不去倾听那些曾经不得不以各种身份审判这些罪行的人的声音，那么法官与历史学家这两种职业的对比工作很有可能陷入刻板的学院式辩论中。这些属于过渡时期的声音见证了民主立宪政体的建立或重建。这交织的声音由法官与历史学家发出，并且是新制度建立过程中不可或缺的组成部分。我会一方面提到第二次世界大战后在全世界范围内（尤其是欧洲，紧随犹太人大屠杀的脚步）进行的重大罪行审判所扮演的角色——另一方面讨论德国历史学家作为负责任的历史学家，其内部对于与这场灾难相关事件的争论。这样一来，一方面，法庭和法官强势进驻历史学家的领地，随后其判决会铭刻在正在形成的历史的血肉上——另一方面，那些尝试在道德、法律和政治谴责的压力（来自与做出裁决的刑事法庭相同的司法机构）下完成自己职责的历史学家，他们很可能巩固、减轻、更改甚至颠覆司法裁决，因为无法给予其无视的态度。

司法和史学处理相同事件所使用的方法之间的暗中冲突，即使不能得到解决也至少需要明确说明。

为了阐明第一个对立部分，我选择马克·奥兹尔的著作《大规模暴行、集体记忆与法律》。该书作者自鸣得意地将两种互不熟悉的思想（至少在美国是这样）——社会学家与法律界人士（律师）的思想——相比较，他打算衡量20 世纪下半叶在纽伦堡、东京、阿根廷和法国所进行的罪行审判对司法诉讼以及法院宣判涉及的人的集体记忆所造成的影响。探究的主体对象——首先是法庭，然后是社会学家和律师——以"大规模暴行"（或者"政府大屠杀"）命名，这个词组对照 Shoah（犹太人大屠杀，在英语中使用 Holocaust 一词）这一独特的词汇，看似是中性的，但其精确度足够界定不同政体（纳粹党人、日本军国主义分子、阿根廷将军以及法国维希政府时期的法奸）的国家所犯下的罪行。该书的主线是：与涂尔干的做法（在普通犯罪行为的一致谴责中看到一个直接的或说机械的巩固社会共识的方法）不同，奥兹尔关注诉讼的公开性质所引发的分歧以及该分歧在舆论和集体记忆层面所起到的教育作用，而其本身也是在这个层面上得到表达并得以形成的。作者寄托在这样有争议的文化上的信心，与他力图建立一个自由主义社会道德和政治信条有关——"自由主义"在这里是英国学者赋予的政治含义：一个自由主义社会是一个从公共协商、辩论的公开性以及辩论后残存的敌对势力中获取其战斗合法性的社会。另外，鉴于集体记忆被这严酷的教育（社会通过它促使人们团结一致）视为目标，这部作品提供了思索记忆本身的机会。

奥兹尔忠实于他的主题，与分歧所产生的集体记忆有关的公民教育，他的书建立在一系列反对法庭意图公正并真实的判决的意见之上，而不管罪行以及开庭审讯的特殊性质。在书中列举的"六个障碍"中，我会研究直接与司法手段与史学手段间关系相关的项目。司法手段两次被动用：第一次在审讯过程中，作为控告方和被告方的论据，第二次在从法院到公共场合的途中。其实，在一种情况下，两个时机中只存在一个，那就是在我们之前提过的，当审讯将事件在更接近大众的舞台上再现，使其更清晰明确的时候。作为回报，审讯本身会因此借助公众讨论进入人们的头脑和家庭中，并在那里移植它自己的分歧。作者从法官实现撰写公正历史的意愿的"障碍"的角度入手分析这个问题，他必须将从史学手段的特殊性中提取的反对意见提升至极端，其不可避免会被司法论据动摇。前文曾过于抽象地提到过的不协调被狡猾地放大，而且现在通过诉讼个例中出现的波折得到阐明。两种手段之间的所有张力都来源于司法指控是基于个人有罪的原则这一事实：由此造成法官的注意力高度集中在少数历史主体上，也就是国家领导层，以及这些人能够施加于时间演变过程中的活动范围。历史学家不能接受这种目光局限的做法；他扩大自己的探究范围，囊括更多的历史主体、二级实施者和旁观者，这些或多或少被动的见证人就是沉默的、与其共谋的人民群众。历史学家将领导人的特定决定和其介入行为放置在更广阔更复杂的关系链中。在这个关系链中，刑事诉讼只考虑个体主导者，历史学调查始终将人物与人群、潮流和匿名力量联系在一起。值得注意的是，重大诉讼中被告的律师无论是在事件之间的关系方面，还是在个人主动行为和个人介入的交错关系方面都，系统地将这种扩大调查范围的做法变成有利于自己客户的优势。

第二个对立面：刑事诉讼是旨在通过判决的决定性特质建立罪行的固定说法的政治公正行为。当然，法官明白最重要的不是惩罚，而是伸张正义。但是这种"申张"结束了辩论，"停止"（在法语中"判决"与"停止"是一个词）了争论。这一强制力属于刑事诉讼的短暂目标：即时审判，一劳永逸。付出如此代价，刑事诉讼判决才能够宣称教导（通过它最开始引起的意识混乱）公众舆论。将论据推向结论，会有持不同意见者揭露与官方说法甚至与官方历史相左的版本的危险。"歪曲"的指控也在这时开始起作用。若它来自无法在不自相矛盾的情况下提供一个可以与所谓变质的版本相对抗的真实版本的辩论方，这一指控会引起震惊。只有提议甚至强制写就真实叙事（依据对被告的定罪判刑）的计划，才可能被视作扭曲。按照这个论点，所有记忆都具有选择性，所以都是扭曲的；因此，我们只能用一个有所偏颇的说法去对抗另一个同样脆弱的说法。然而，在一个层面中，诉讼反常地凭借其程序本身（而不是其结论）证实了历史学家头上"怀疑主义"的帽子，人们批评他们是"修辞学家"，或多或少地与海登·怀特为伍。通过将话语权公平地分配给双方律师，以及允许敌对双方的叙述和论据都能够被听取，司法机构是否会鼓励历史"平衡"地、向道德对等以及证明无罪一边倾斜地判决呢？罪犯的辩护律师同样懂得运用这一策略来服务自己的当事人，并通过这句著名的感叹词所表现的方式："你也一样！"

奥兹尔对这种反对意见的处理方式很有意思。他的全部努力在于将其囊括进他有关对公众舆论教育意义的"自由主义"设想的分歧中。但是他若想成功做到这点，则不应对反对意见抱有怀疑主义的敌意。想做到这一点，他需要首先承认，最阴险、最无所顾忌的辩护律师试图从中提取最大利益的辩论，其行动构成了自由主义价值（在其保护下，诉讼得以进行）的伦理优越性的证明。从这种意义上来讲，诉讼见证了这种优越性，罪犯的辩护律师能够自由发言也是其所带来的好处之一。但是奥兹尔还需承认，所有的叙事并不对等，发布一个使辩方无法推翻的，更合理、更可能（哪怕是暂时性的）的说法是可行的。也就是说，让人们在不去考虑这个叙事对处在过渡时期的民主社会价值观有教育意义的情况下，相信这个叙事是可能的。

在这里，我又回到了我自己为历史学活动三个阶段（文献证据、解释／

理解以及历史学家的再现）之间更细致衔接的辩护的观点。不是因为法庭将罪行搬上舞台重现，所以它只能从历史学活动中仅仅吸取其"再现"环节（该环节被修辞学运用的转义和象征深深烙印）。但是，需要承认的是，在扩大被叙述的主导者和行为的范围，并且增加分析层面的时候，法官将话筒递给了历史学家。智慧的做法是，法官不应该扮演历史学家的角色；他应该在自己的能力范围之内进行审判——这个限制范围是强制的；他应该用自己的灵魂和良心来审判。从这种意义上来说，奥兹尔在拿"自由主义叙事"，甚至是"自由主义记忆"这两个词冒险。但是，历史学家也没有办法写出一个囊括执行者、受害人和证人的历史的唯一历史。这并不意味着，他们不能试图找到一个有关部分历史的部分共识，但他们有可能并且有义务无限地跨越部分历史的界限，而法官却不能。每个人都应扮演好自己的角色！

如果我现在提起 1986 年起在德国发生的"历史学家之争"（Historikerstreit），我的目的并不在于谈论有关这场争论的所有细节。在对法官和历史学家之间的关系进行反思后，我提出的问题与奥兹尔先生的书中所提出的问题完全对称并且相反：我们会问，历史学论据在怎样的程度上合理地促成一个打击 20 世纪重要战犯的刑事判决的形成，并滋养一个旨在教育大众的分歧的呢？相反的问题则是：在怎样的程度上，职业历史学家之间，不仅国际和国内舆论层面，而且在司法和刑法层面展开的一场辩论可以在一个已经敲定的有罪判决的监督下进行？在历史学方面，是否为一个不被视作是无罪的分歧意见留有余地？解释与证明无罪之间的这种联系被研究，在指控和证明无罪之间的游戏中，对一方的怀疑导致另一方的自我证明，就好像历史学家会因为自己的身份而被指控。

不仅仅是历史学家和法官的关系被这样倒置，在人民群众注视下工作的历史学家评判那些已经给出有罪判决的人也是如此。这是一种有历史学传统的关系，该传统不仅从总体上消除歌功颂德和教学，而且也致力于消除指责。

在思考过歌功颂德是否幸免于国王形象的废黜的问题之后，我们还遗留了一个问题，那就是，是否指责也走上了相同命运的道路。我们曾提到过再现绝对恐怖的困难，这且要在索尔·弗莱兰德在面对被他称为"无法接受的"所考察的再现界限之内。然而，正是这个问题现在出现在历史哲学批评的框架内。对无法接受的事件进行历史学的处理是否可能？主要难点在于罪行超乎寻常的严重性。不论它们在历史学领域的唯一性还是可比性（这最终会成为争论的核心），都存在伦理层面的独特性和不可比性，因为罪行之重大；因为这是由国家针对一部分受歧视的人民所犯下的罪行，而它本应对其负有保护安全的责任；因为这是一个没有灵魂的政府所犯下的罪行，得到该国的精英领导层无大声反对的宽容，而且被全体人民无激烈抵抗地忍受下来。如此，惨无人道的极端行为符合让·纳贝尔特用"无法辩解的"一词表现的远超负面规范的行为。我曾在别处谈到过"恐怖"作为"美妙"与"崇高"的对立，康德曾说恐怖在数量和强度上超出想象的边界。恶的特殊性如此得到了表现。正是在这些"不可能的"条件下，德国历史学家被委派了一项任务，克里斯蒂安·梅尔将其总结为"定罪与理解"。也就是说，理解罪行，但不为其开罪，也不使自己成为潜逃和否认的同谋。然而，理解是去运用独特性和可比性范畴的除道德以外的功用。这些其他功用会以怎样的方式促成人民重新获得被他们完全拒绝的事物呢？另一方面，如何使用历史理解的惯常方法去接受非比寻常的事呢？

我有意把 E·诺尔特在《在历史面前》中对这场辩论所做的贡献加以强调，因为有关他的观点所引发的争议最多。这个研究纳粹时代的专家以这样一个观点入手："第三帝国覆灭至今已有 35 年，但它依然存在。"然后他明确地补充道："如果说第三帝国的记忆在今天仍然存在的话，那也是——排除某些例外情况——带着一种完全负面的内涵，而这也是很有道理的。"诺尔特的主张并不是一个否定主义者的主张，他们当然不能混为一谈。战争幸存者的道德谴责是被广泛接受的："负面判决是绝对必需的。"那么，诺尔特的担忧在于，对探索一种超越基础意识形态的叙事的威胁，以及一些负面的东西，却成了传奇和神话。因此，人们要做的就是，让第三帝国历史接受一次修正，其目的不仅仅是对先前完全负面的判决进行推翻："大体上，第三帝国的负面形象不需要任何修正，也不会成为任何修正的对象。"他提议的修正主要针对奥兹尔口中的叙事框架进行。从何处开始？诺尔特问道。拓展至什么范围？在何处结束？诺尔特毫不犹豫地追溯到工业革命的开端，直到哈伊姆·魏兹曼于 1939 年 9 月发表了宣言，号召全世界的犹太人与英国并肩而战。所以，修正需要的是视野的扩展。在此期间，它允许出现的则是一连串灭绝主义先例，最近的要数布尔什维主义时代。"拒绝将希特勒统治时期对犹太人的灭绝屠杀放置在这一背景之下，也许回应了某些值得尊敬的动机，但却是伪造历史的行为"。诺尔特本人主张的决定性转变出现在从对比到因果过渡的环节："被我们称作是第三帝国统治时期对犹太人的灭绝屠杀实则是一种反动，一个被扭曲的版本，而不是第一版或原版。"他还补充了三种方法：背景的时间扩张、与当代或前代相似事件的对比、原版和副本之间的因果关系，这些提议即"视野的修正"。由此产生的问题是：为什么这段过去不愿意真正过去和消失？为什么它甚至变得更加鲜明、活跃、生动（当然不是作为范例而是充当陪衬）？因为我们将这段过去从所有批判性辩论中抽走，并且缩小范围，把注意力都集中在"最终解决方案"上："适用于任意一个国家的过去的规则似乎在这里被废除了。"正是这些规则要求拓宽背景（就像我们之前提到的），去比较、寻找因果关系。这些规则使得我们得出结论，布尔什维克党人出于国家原因进行暗杀一事可以构成纳粹出于种族原因大屠杀的"合乎逻辑的、事实上的先例"，并使古拉格群岛与奥斯维辛相比"更具原创性"。

大量使用的对比方法安排了独特性或唯一性的结局，因为只有对比才能辨明区别——"唯一的特例就是毒气技术"。批判性辩论由此得到拓展，诺尔特希望它能够使这段过去像其他任意一段往事一样"过去"，并且将其侵吞。最后不愿意离开的并不是纳粹犯下的罪行，而是其不曾言说的源头，也就是"亚洲"之罪，希特勒以及纳粹党人认为自己会是这种罪行的潜在或真实的受害者。

在法官与历史学家的对比方面，诺尔特所使用的方法是将历史学家放到法官的对立面上，后者是以特殊的方式处理特定的案件。在另一阵线上，诺尔特引爆了一场历史判断和道德、司法及政治判断之间的危机。在这个关口，哲学家哈贝马斯介入了。我在这里简单阐述一下他有关历史学判断与道德、司法及政治判断之间关系的研究。哈贝马斯揭露"德国当代历史学界的辩护潮流"，并质疑修正与修正主义之间的区别。前文中提到的三个规则——拓宽范围、对比以及因果关系——是"勾销损害"的借口。他攻击的并不是历史学研究提纲，而是由一个归入国家保守主义的新修正主义所提出的含糊的伦理和政治前提；与这个核心观点紧密相连的还有：退缩到只会老生常谈的人类学，从研究历史现象特定性的海德格尔式本体论转向过于简单的技术现代性，"在这个深渊中，所有的猫都是灰色的"。哈贝马斯仅仅在揭露脱罪（理由是当纳粹罪行被视作是对布尔什维克灭绝行动之威胁的反击时，其独特性就会瓦解）的后果时击中目标。我们也许仍然可以期待，一个类似哈贝马斯观点的论据会对犹太人大屠杀的独一性进行反思，且不仅仅是在道德审判的层面上，而且会特别地在历史学领域进行思考。缺少这样的讨论，支持修正者提出的"远距离理解"只可能在其表现的道德内涵层面遭到抨击，其中最顽固的就是传统的民族国家，这种"国家身份最传统的形式"，哈贝马斯将其与"符合宪法的爱国主义"（将对法治国家的法律法规的忠诚置于民族归属感之上）相对立。如果"一种根植于信念中的、与普遍宪法原则之间的联系，只能在奥斯维辛之后（并且通过它）得以形成"这一观点成立，那么我们仅能明白为什么奥斯维辛的耻辱必须免除任何辩护怀疑的染指。在这点上，哈贝马斯的辩护与奥兹尔支持一种"自由主义的"记忆、一个"自由主义的"叙事以及一个"自由主义的"讨论的立场不谋而合。但是如果我们想要获得将奥斯维辛假定的独特性与宪法爱国主义唯意志论的普遍性相结合的权利，就仍然需要像奥兹尔所做的一样，迎战从历史学实践中跳出的反对观点。

像历史学家一样谈论"纳粹罪行的独特性"要求我们预先将"独特性"——或者像我们之前曾提到过的"唯一性"——这一概念进行分析，这是历史批判哲学所要求的。

为此，我提出如下三个命题：

命题 1

历史独特性并不等于道德层面的独特性，后者曾被我们等同于极端反人类行为；这种独特性表现为罪行的恶贯满盈，它被纳贝尔特称作"无可辩护的"，被弗莱兰德称为"无法接受的"，它与可辨别的历史特征当然是分不开的；但是它属于一种在某种程度上被扰乱的道德判断。所以我们需要在历史学层面完成整个过程，以建立属于历史判断范畴的独特性概念。

命题 2

关于历史独特性，从第一层意思也就是最常用的意思来说，所有在正在形成的历史中偶然发生的事件，所有在时空中不再复现的叙述序列，所有符合古诺的概念的偶然因果系列，都是独特的；历史独特性与道德独特性之间可能存在的关系，是由将罪行归罪于个体主导者、准人物和准事件（三者通过专有名称来辨识）所产生的。

属于历史判断范畴的独特性概念的第一个研究角度涉及围绕犹太人大屠杀展开的意向主义学派与功能主义学派之间的辩论，对于前者来说，最重要的在于领导层的行动，尤其是"最终解决方案"的决议过程，后者则更关注政府机构的手段谋划、无名的力量以及人民群众的行为。这场争论的关键在于是否将罪行责任归于一类对象身上：某个人、某个组织、某个民族。意向主义学派支持者对可归罪于个体主导者的行动的关注以及法庭的刑事手段之间的亲缘性当然是很强的；道德、司法判决与功能主义解释（更符合当代历史的总趋势）之间的张力则更为强劲。正因为如此，它更容易被阐释成为辩解脱罪性质的。我们已经谈到过有些历史学家把独特性观点与德意志民族自我体谅范畴内的时间延续性相联系：独特性也意味着断裂，其效果也可以用于证明无罪——"犹太人大屠杀事件不属于符合我们身份认同的历史链"。再看控诉方的观点："这样一个民族怎么会做出如此荒谬的事呢？"其他道德选择也是开放的：要么是无止境的哀悼并且沉没于悲伤的深渊中，要么就是公民责任意识的爆发："如何才能避免这类事件的重演？"

命题 3

独特性的第二重含义则是不可比拟性，唯一性也有这种意味。通过比较属于同一系列、同一历史延续、同一辨识性传统的事件和行动，我们从第一层意思进入到了第二层意思，之前提到过的特殊性也属于这种过渡性涵义的范畴。当两个异类的历史集合体相遇，假定的不可比拟性会产生一个不同的范畴：比如大规模暴行以及过去发生的灭绝行为，其中包括法国大革命时期的白色恐怖，但是主要还是布尔什维克制度与纳粹制度后半阶段已经进入当代历史领域。在对二者之间的因果关系做出表态之前，还需要对权力结构、歧视的标准、灭绝行动采用的策略、人身伤害以及精神羞辱的具体做法中存在的异同达成一致意见。在这几个方面，古拉格和奥斯维辛既存在相同点，也存在不同点。关于异同所占的比例，仍然存在争议；当范例和模板之间确定了所谓的因果关系时，这一比例便成了德国历史学家之争的直接关注点。将罪行之间的对等与相互抵消（我们认出了奥兹尔以那句著名的感叹"你也一样！"命名的观点）混为一谈的做法使得罪行之间的相似性反常地演变成了脱罪证明。

这场争论也涉及德国人以外的其他民族，因为西方共产党以及（从更广阔的角度来看）许多反法西斯运动都以苏维埃模式为规范，对于苏联人来说，两种政体之间存在相似性的观点长期以来被视为一种诅咒。无论二者之间的相似程度有多少，有些问题仍未得到解决：是否存在一种模仿的政治意愿？范例所施加的强制力究竟有多大，以至于报复政策（纳粹罪行以此为掩护）变成了必然？比较学方法的变异使用毫无疑问可以轻松地遮盖修正与修正主义之间模糊的界线。但是，在这些论述详细的争论之外，还存在一个问题，那就是在历史学领域诚实使用比较学方法的关键在于极权主义的范畴（由汉娜·阿伦特等人创立）。没有什么可以阻止在这个字眼下建立类别，由大规模暴行的概念（奥兹尔）定义，或者像我和安托万·加拉蓬更倾向的，由第三方罪行来定义。这里第三方指国家，其首要职责就是确保所有居住在其制度规则划定的领土范围内的人的安全，这些制度规则使国家合法化，同时也约束它。所以在这个框架内建立两种制度的异同表格是可能的。况且，不可比拟性的概念只有在作为相似零度时才有意义，也就是在对比的过程中。因此存在多个有争议的问题：一种分类类型在什么程度上构成一个共同结构？假定的结构与灭绝行动所采用的做法之间存在怎样的关系？相对于领导层规划的战略，下级的实施拥有多大的行动自由？我们可以展开讨论。但是，假定犹太人大屠杀的不可比拟性在历史学层面上是可以成立的，错误就在于将其在道德层面上绝对的特殊性与其在历史学层面的不可比拟性混为一谈。这种混淆经常会生发出这样一个论断：布尔什维克和希特勒的两种制度属于同一类型——即极权主义，甚至促成两种罪行之间存在模范和因果上的影响这种论点，也会影响到纳粹罪行独特论。相反地，我们看不到两种政体属于同一类型，也就是极权主义——甚至是两种罪行之间模范和因果性质的影响——会具有为某个特定罪行的债务继承人脱罪的作用。独特性的概念的第二种意义（不可比拟的）不会抹去其第一层意义（不再复现的）：属于同一种类的两种制度也会存在特定差异，因为对每个罪行（个别开审）所做的道德审判来说，差异是很重要的。为此，我很愿意为一个严格意义上的道德独特性辩护，也就是从恐惧爆发的绝对的不可比拟性的意义上说，仿佛恶的形象（按照可爱的与可憎的之间的对称关系），就是绝对的道德独特性。反人类行为不存在程度等级，既然它甚至超越了所有负面标准，那么它本身就是超越任何等级的。

唯一性和不可比拟性在道德层面和历史学层面的运用之间难道就不存在确定的关系吗？我发现有一个，那就是独特事物的模范性概念。它不从属于道德评估本身，不属于历史学分类，也不属于二者的重合范围（这意味着重回模糊和混淆）。这一概念形成于历史记忆层面的接收通道上。事实上，终极问题在于负责任的公民如何利用历史学家之争，以及法官与历史学家之争。也就是马克·奥兹尔的教育意义分歧之观点。为此，有关历史学家之争的文章被印在大量发行的报纸上是很有意义的。进入公众舆论视野的历史学家之争，已经成为民主制度生成的分歧的环节之一。范例性的独特性的概念只可能由开明的舆论产生，该舆论将对罪行的回顾性判决转变为防止其再次发生的誓言。有关恶的深思如此被放置在承诺的范畴内，它可以从无止境的哀悼和讨好人的忧伤中，以及更根本的，从控诉和脱罪的恶性循环中被拔除。

我们从寻找一个公正但会犯错误的第三方开始，以公民这一第三合伙人加入法官和历史学家的组合结束。公民的第三方角色在时间中逐渐浮现：他的视角根据其自身经验而形成，而其经验受到刑事判决以及发表的历史学研究的教育。另一方面，他的介入永远不会停止，这将他放置在了类似于历史学家的位置上。但是，他所寻觅的是一种可靠的判断，与法官的判决一样具有决定性。在所有方面，他都是最终的裁判。他才是立宪民主制度的"自由主义"价值的旗手。只有公民的信念最终证明法庭的刑事诉讼的公正性以及历史学家对于档案的学术诚实性。也正是这种信念，最终使得我们回溯过去，将反人类行为视作"自由主义"价值的绝对反面。

book review | 书 评

女哲学家为何如此之少？

撰文：大卫·珀皮诺（David Papineau）

翻译：张舒

> 首要的任务是处理好这些简单议题，并且保证优秀的女性哲学家不
> 会因为不好的原因被挡在哲学门外。接下来的任务无疑更加艰难，
> 那就是判断哪些主题理应获得持久的哲学关注，哪些不是。一旦我
> 们处理好这些问题，看上去没有什么理由不让性别比率在任何地方
> 下降。

在英国高校的哲学院系中，女性教师占教学岗位的 25%。纵观整个英语世
界，这个数字大体相近：在美国，女性哲学家的比例是 21%；在加拿大、澳大
利亚和新西兰，女性哲学家的比例均在 30% 以下。这一现象让哲学成了人文
学科中的异类。半个世纪以前，高校里所有院系录用的女性都远远少于男性，
而在如今，性别失衡在英国文学或历史等领域早已完全匿迹，即便在基础学科
（科学、技术、工程和数学）当中，这种现象也在很大程度上得到了控制。只
有哲学院系的学术岗位以 3 : 1 的男女比例特立独行。

如何解释这种特殊性？这种特殊性是否值得关注？这两个问题相互关联。
哲学的性别失衡多大程度上具有危害性，这要取决于它是如何形成的。比如说，
如果单纯是因为对女性有性别歧视，那么这种失衡不但是不公正的，而且也会

阻碍那些最适合这个学科的人成为哲学家。不过歧视是不是这一失衡现象的真正成因尚不清楚，我们也不应该想当然地把其他可能的解释直接加以拒斥。

曾几何时，成见一度将女性驱赶出了哲学的领地。1960 年代末期，当我还是剑桥大学的学生时，我们推动了一系列的学术改革，其中包括用可评估的课程作业取代不够直观的课程评价。有一位老成持重的哲学家在我们的改革委员会中任职，他赞同这项改革，不过他也表示，对于如何能够阻止女生让她们聪颖的男性伴侣代写论文这个难题毫无办法，他喜欢将这个问题戏谑地称为"男友难题"。我们的另一个老师更加直言不讳："女人不擅长哲学。"他对我的一个女性朋友如是说。这个朋友后来离开了哲学圈子，最终开创了一番事业，成了一名优秀的记者。

这是当年的情况。值得庆幸的是，时至今日，人们肯定不会接受在公开场合发布此类言论了。不过，是否还有相当一群哲学家依旧在固守这个观念呢？这是个更加微妙的问题。我从来不怀疑，绝大多数的专业哲学教师可以抛开成见，以对待男性的标准同样地评价女性。然而，就像詹妮弗·萨尔在《哲学中的女性》一文中所强调的，大量的证据表明，许多善意的人（包括学者在内）在对待曾经缺乏权利的族群时会表现出"隐性偏见"，即便他们已经尽力做到公正。没有直接的证据表明哲学中也会出现这种情况，但是就像萨尔观察到的，要说哲学家对这种历史性的成见具有特别的免疫力，那也是不公允的。她的观点在萨曼莎·布伦南关于"微观不公正"的文章中得以扩充，这篇文章细化了隐性偏见是如何一步步累积，从而对女性哲学家造成损害的。

通常而言，我们很难了解这种私下里的偏袒多大程度上造成了哲学的性别失衡。不过从某个层面来看，这也并无大碍。海伦·毕比在论文集文章《哲学中的女性和反常现象》里，把隐性偏见称作是一个"简单议题"。她的意思是说，无论隐性偏见是不是构成哲学院系反常数据的主要原因，我们都有理由逐步采取措施，阻止它的发生。比如说，在遴选程序中对一些元素进行匿名化处理，或者是在入围名单中设置女性人数的最低线，这些举措无须花费太多代价，但是可想而知，它们多少会带来一些好处。

然而，隐性偏见也未见得是问题的全部。毕竟没有直接原因表明为什么哲学教授相较于历史教授或者英语教授，更容易受到隐性偏见的影响。肯定有一些特殊的原因在抑制哲学中的女性人数，如果我们想知道它是否有害，那么就需要找出这个原因究竟是什么。我们以职业斯诺克台球来做一个比较（我得指出，这种类比是有限度的）。尽管女性也有资格作为职业选手参加比赛，但她们当中从未有人跻身前一百。对于这一现象的成因，六任世界冠军史蒂夫·戴维斯丝毫不感到困惑。并不是因为女性无法掌握最高级别的技巧，而是因为这个群体对于投身到这项强迫症似的活动不感冒："女性一定会说，努力用一根杆子把斯诺克台球推进球袋里，这完完全全是在浪费时间。"在戴维斯看来，"为了达到世界冠军级别，每天练习八小时"在你的生命当中"位列愚蠢之事榜首"。

或许是戴维斯对他同行的态度太乐观了。很难想象职业斯诺克选手的世界会像欢迎男性一样同样欢迎有志于此的女性。在各项专业赛事中，确实不乏一些成功的女性榜样。不过假如戴维的理论是对的，也就是说即便其他问题都解决了，令人头脑麻木的训练强度仍旧会让绝大多数女性望而却步。这是一件坏事情吗？很难说。顶尖的斯诺克选手会获得相当可观的报酬。然而，如果要把一生作为代价来击打那些五颜六色的小球，假使相比于男性来说，女性不愿意付出那么多的代价，谁又能说她们做错了呢？

在一些热门的招聘行业，弱势群体的身份本身就可以构成一种资格，和应聘者具备的其他能力相当。希望在政治组织里引进一定比例的女性和其他少数族裔代表，也是基于明显的理由。相类似的还有平权行动。我们可以在更广阔的范围对这项运动进行讨论，甚至包括像法律或医药这种技术性职业。上述这些领域不但在实践上需要对边缘化族群的问题加以熟悉，在纯粹的理论上也有一样的需求。然而，这条思路在哲学上却没有得到明显的应用，在斯诺克上也没有。起码从表面上看，这两个职业都没有尽到代表特殊群体的职责。

纵使我们假设女性远离哲学是出于自愿的选择，就像她们远离斯诺克一样，并且抛开法学和医学这类学科，我们不考虑会掀起平权运动的特定社会需求；即便如此，也不意味着哲学的性别失衡就是良性的。问题的关键在于，这种失衡是否会以女性远离哲学建制的核心作为代价。训练的时长对高水平的斯诺克表现也许是一个必要条件，但是女性哲学家需要跨越的障碍与杰出的哲学水平可能并不相关，这种障碍只会减少称职的哲学工作者的供给而已。

哲学专业和其他几乎所有的学科还有一个重要的差别，那就是它的对抗性风格。一旦提交一篇论文，就要承受批评带来的折磨。我开始从事哲学的时候，会无保留地说出自己的看法。如果你认为一个发言者犯了错，就会被鼓励着去坚持你的质疑，直到他（极少情况下是她）屈膝投降。如今我们冠以有教养的虚伪外表，而且再也不认为——一旦你抛出了你的论点，就要不断地攻击对方直至其投降——是一种完全合理的行为。不过来自其他学科的访问学者仍会对我们在论辩过程中表现出的战斗气氛表示震惊。

这种辩论性的元素对许多年轻哲学家来说都是一个挑战，但是相较于男性，女性更容易对它产生反感。这个论文集中的大量论文探索了这一议题，包括玛丽莲·弗里德曼的《哲学中的女性》以及卡特里奥娜·麦肯锡和辛西娅·汤利合著的《女性——哲学之中和哲学之外》。对海伦·毕比而言，哲学辩论的阳刚气质也是一项简单议题。推理和分析在哲学中比在其他致力于经验或文本数据的学科中更重要，但是没有理由因为这个而去漠视一般的教养准则。互相探索的精神比起互相之间的敌意更能服务于哲学，而且它的另一个好处就是留住这个学科中的杰出女性。

今年早些时候，普林斯顿大学的哲学教授萨拉·珍妮·莱斯利和她的研究助手在《科学》上发布了一项令人惊叹的数据，这项数据呈现了全部学术专业中女性的参与情况。不单单人文学科里存在着女性比例的差异。正如哲学系的女性教员人数格外稀少一样，社会学科中的经济学，基础学科中的数学、物理和工程学也存在着类似的情况（可作为对比的是分子生物学和神经科学，这两个专业的男女教员数目是均等的）。莱斯利和她的合作者从所有女性人数匮乏的专业中发现了一个共同特征，那就是这些学科都认为"才华"是通向成功的必要条件。如果说其他学科承认持之以恒和勤奋努力可以将研究者引向事业的顶峰，那么在这些男性为主导的学科中，有所建树的学者们都会坚持认为没有什么可以取代纯粹的、与生俱来的天赋。

根据莱斯利和她同事的研究，这种态度在"重视才华"的学科领域里无疑是对于女性的歧视。因为在刻板印象中，人们更容易将纯粹的天赋和男性关联在一起，而不是女性，所以说这些学科的选举委员会更倾向于选择男性，这种预期让女性参与者感到沮丧。然而，不久之后在博客上就有评论者指出，这项数据完全可以做另一番解读。男性得到这些职位也许不是因为他们"被认为"更具才华，而是因为他们"确实"更有才华，至少是符合这种需要天赋的学科对于教师岗位设定的标准。说实话，莱斯利的研究所呈现的数据确实无法排除这种解释。

我在想，是否存在一种更加长远的机制，它能够减少大多数的危害。和其他相近学科比较起来，哲学和经济学都有一种趋向于经院主义的标志性特质。这两个学科的大部分工作聚焦于技术性的细枝末节，这些细节究竟和更大的议题之间有怎样的关联，这个问题甚至让专家们也颇感棘手。严肃的学术工作并不总是需要让公众一目了然，但是哲学和经济学的大部分工作甚至让相邻分支学科的人都感到兴味索然。即便是一个不那么热衷于"影响力"的人，也会怀疑大多数技术性工作的主要目的，不过是让年轻学者有机会表现出他们的前辈所珍视的"超级智慧"罢了。把才华置于首位营造出了一种颇有压力的工作风格。

或许正是这些把女性驱赶出了重视才华的学科，不是因为她们玩不了这项游戏，而是因为她们不愿意去玩。大多数年轻人之所以投身于哲学和经济学，是因为他们想要处理一些重要的议题，而不是跳入一项技术性的训练中来。当他们发现自己为了获得一份工作，需要在针尖上跳舞时，女性和男性会有不一样的反应。大多数男性会从竞争的挑战得到乐趣，享受这项游戏本身，而大多数女性则会认为，这和用球杆把球推入袋中没什么差别，不过是换到了知识领域而已。她们最终得出结论，不妨利用自己的人生去做一些更好的事情。

如果这是对于哲学领域女性匮乏的正确诊断，那么它引发了一个根本性的问题：这个学科的本质是什么？相比医学或物理，哲学在课程体系上有更多的选择，甚至比历史学还多。以哲学之名进行的研究主题变化各异，横跨时间和文化。所以说，在现存课程体系下，针对女性觉醒问题的一个解决方案是：沿着更加清晰的设计方向对课程加以改革，把更多女性带领到这项学科之中。这个策略实际上也是菲奥娜·詹金斯在她的文章《学术精英制批判纪要》中提倡的。她建议应该更重视那些和女性的独特经验相关联的哲学主题，并且给一般而言相对客观的学科（诸如认识论或形而上学）少一些关注。在詹金斯和她的合编者卡特里娜·哈奇森所写的卷首导论中也表达了类似的建议。

然而，这种"性别先行"的思路并不是思考改革哲学课程体系的唯一路径，它当然也会有不妥之处。这个选项首先决定了哪些主题是真正值得研究的，然后再去思考谁想去学习它们。遗憾的是，《哲学中的女性》对这个论题没有一个清晰的讨论。不过也有一些作者含蓄地表示，课程体系性别倾向的明晰化是一个倒退的举措。撇开别的不谈，为了给女性感兴趣的课程留出更多位子，而将传统的主题划分为相对男性化的主题，这对那些想要攻克认识论或形而上学的女性而言是毫无帮助的。

我们不应认定，"主题先行"的课程思路就一定会维持现有的知识分子的状况。我们完全有理由删去不必要的、和女性渴望学习哲学的意愿相左的繁琐内容。相类似的一个例子是强烈建议扩充课程体系，加入对于性别（以及种族、阶层以及其他的权力不对称）问题的清晰探讨，甚至不去先入为主地思考什么样的人会被这类课程所吸引。目前很多哲学院系都在做类似的尝试。无疑，一个纯粹基于主题的课程设计态度很可能意味着哲学仍旧只对少数女性有吸引力，但我同样不指望它（吸引大量的女性）。越来越多的东西在发生变化，无论是在哲学之中，还是在哲学之外。很难预测男人和女人究竟想要什么。半个世纪以前，谁又会想到现如今女博士的数量会超过她们的男性同胞呢？无论如何，旨在为了平衡性别而做出的这些努力看上去像是一个被误导的策略。首要的任务是处理好这些简单议题，并且保证优秀的女性哲学家不会因为不好的原因被挡在哲学门外。接下来的任务无疑更加艰难，那就是判断哪些主题理应获得持久的哲学关注，哪些不是。一旦我们处理好这些问题，看上去没有什么理由不让性别比率在任何地方下降。

卡特里娜·哈金森 (Katrina Hutchison)、菲奥娜·詹金斯 (Fiona Jenkins) 编著的《哲学中的女性》(WOMEN IN PHILOSOPHY: What needs to change?)，牛津大学出版社，2013年。

模范诗人：马雅可夫斯基

撰文：克莱尔·卡瓦娜（Clare Cavanagh）

翻译：朱瑞翼

　　弗拉基米尔·马雅可夫斯基"过去是，现在仍是苏维埃时代最优秀、最才华横溢的诗人"，约瑟夫·斯大林在1935年，也就是这位革命诗人出乎意料地自杀5年之后如是说。他又继续说道："任何对他作品和记忆的漠然都是犯罪"。这标志着鲍里斯·帕斯捷尔纳克口中哀叹的马雅可夫斯基的"第二次死亡"：一个经过精心打理又被斯大林化的马雅可夫斯基被"强行塞入"俄罗斯文学的规定食谱里，"如同叶卡捷琳娜大帝时期的土豆一样"。此番强制喂食产生了各种意料之中和意料之外的后果。

　　首先，此前诗人自己在各种作品中乐于呈现的"多面的马雅可夫斯基"需要被浓缩成单面的形象。"他不再是活着的诗人了，而是一座纪念碑"，本特·杨费尔德在这本注重修正，充满研究心血的传记末尾这样写道。广场、街道、地铁站、甚至整座小镇都以他命名，雕塑为他而立（这位强烈反对仪式性僵化作风的诗人如果听到他的遭遇，一定会惊惧万分）。杨费尔德写道：马雅可夫斯基死后被评为"一号模范诗歌劳动者"，与首席突击手、棉花工、拖拉机司机、飞行员、剧场导演、电台播音员、警犬、小丑一起受到国家紧凑安排的表彰。

一代代苏联公民，包括普通人和作家，从小就被要求背诵官方版的马雅可夫斯基。他给列宁的赞美诗，他对苏联护照著名的欢乐颂——"你看吧／羡慕吧／我是／苏联的公民"——是俄罗斯课堂的必选内容，而他复杂又颠覆性的一面被小心地从公众视野中剔除了。他的剧作《澡堂》（1929）讽刺早期苏联官僚主义，出版后大受舆论抨击，直到斯大林去世后才首度登上舞台。同一部剧被翻译成波兰语后，标志着战后波兰人民共和国斯大林主义高潮的结束和所谓"解冻"的开始。很显然，马雅可夫斯基同时作为命令执行者和解放者的潜能并没有消退。

苏联的读者们对这位游吟诗人的态度经历了从断然拒绝到无视的转变，而移居海外者对这位自称是"革命的诗人"却始终抱有厌恶。我依然记得几十年前从哈佛魏德纳图书馆借出一卷马雅可夫斯基诗集时一个俄罗斯人愤怒的表情。"你为什么要读他？"他喷出这个问题，"他把才华都卖给苏联换小铜板了！"一边是必须尊敬，一边是公开蔑视：在两股极端绳索的交缠下，很少有人去注意作为一个人和一位诗人的马雅可夫斯基对后世的影响。

但他在国际上对写作的影响力丝毫没有减弱。受他影响的实验派诗人跨越时间和国家的界线，从路易·阿拉贡、安德烈·布勒东，到伏瓦迪斯瓦夫·勃洛涅夫斯基、巴勃罗·聂鲁达、尼可拉斯·纪廉、弗兰克·奥哈拉、肯内特·库奇、劳伦斯·费林格蒂等等。最新一部选集由电影制片人迈克尔·阿尔梅雷达主编，题为《黑夜裹挟天空：马雅可夫斯基和他人笔下的马雅可夫斯基》（2008），证明了他对各路先锋主义派的持续影响。后共产主义时期，对诗人的忽视甚至是赤裸裸的敌视曾占了上风，例如尤里·卡拉切夫斯基在他1985年影响广泛的一书《马雅可夫斯基的复活》中不仅批判了对马雅可夫斯基的崇拜，而且直接攻击了诗人"施虐受虐"的诗风。但近些年，俄罗斯学者对马雅可夫斯基研究又重新燃起了兴趣。首屈一指的即是位于莫斯科的马雅可夫斯基博物馆，部分精彩的馆藏可以在其网站上欣赏（http://mayakovsky.museum）。

马雅可夫斯基的生命又完全是另外一码事。杨费尔德将书自评为马雅可夫斯基在"后苏联时代"的第一部传记。最早于2007年以作者的母语瑞典语出版，很快就取代了此前俄文和英文传记的地位，行将成为新的标准信息来源。

由阿西亚·卢如莎和杨费尔德本人翻译的俄语版于 2009 年出版，可读性极强。哈里·D·华生的英语版由瑞典语翻译而来，流畅性稍欠，内容表述仍算完整。好奇的读者可能会希望参照其他版本对于诗歌的翻译。瑞典语和俄语的标题是《以生命为代价》，或者更地道的说法是"我愿赌命"。这个标题强调了赌博瘾（包括一轮又一轮的俄罗斯轮盘）和自杀情结之于马雅可夫斯基生死的重大影响。

原来的副标题信息更为丰富："马雅可夫斯基和他的圈子"。杨费尔德是一位极为谦逊可亲的传记作家。这位瑞典学者亲自与诗人的朋友、情人、同事和学者会面，并追踪了根据少数专家的说法，可能和马雅可夫斯基有交集的人。他发现，尽管马雅可夫斯基对家庭的厌恶人尽皆知，甚至在早期诗句里夸张地写过"我热爱观察孩子如何死亡"，却留下了一个私生女，不在别处，而在纽约。他与已婚的移民艾丽·琼斯生下一个孩子，日后在美国养大（马雅可夫斯基的女儿帕特里夏·汤普森现在布朗克斯区的雷曼学院教女性研究）。诗人最后的爱人不是长期以来人们认为他在巴黎邂逅并一度希望成婚的美貌的塔提亚娜·雅可列娃。"已过一点。你该已入眠……／我没什么理由叫醒你、麻烦你／像他们说的，这起事故已经完结……"——他臭名昭著的情诗自杀信事实上是写给另一位情人、演员维罗妮卡·波隆斯卡娅的。她在最后一次走出诗人公寓的时候，听到了致命的枪响。

这部传记披露了诸多即便是我们自认为了解马雅可夫斯基的人都不曾知晓的内容。马雅可夫斯基、莉莉·布里克及其丈夫奥西普组成的独特三角恋作为杨费尔德传记的主体，尽管故事并不属于新的话题，却从来没有被完整讲述过。回忆录和信笺要么没有出版，要么就是以经过严格审查后的形态出现。重要的文件被国家牢牢压于掌下——斯大林的亲信尼古拉·叶若夫保管着诗人自杀事件的秘密档案——或由于种种原因由亲历者保管。故事的主要人物，包括布里克夫妇，这些年在故事里几乎被抹去，这其中有诗人愤怒的亲戚参与的成分：马雅可夫斯基的亲妹妹 1971 年写信给列昂尼德·勃列日涅夫时，就怒斥布里克夫妇为"反社会效应"。杨费尔德认为，苏联政权隐晦的反闪米特主义是淡化布里克夫妇的原因之一。

为什么这位天才革命派诗人的人生和作品在去世后需要这般悉心处理？

杨费尔德事无巨细地回答了这个问题。作者的目的不是为了制造轰动——虽然天知道，马雅可夫斯基的人生也许就需要这样的处理。杨费尔德把注意力集中在了"政治、文学和私人生活风暴的漩涡"之上，用心追踪马雅可夫斯基人生的延展而非作品的演变，尽管作者对各个作品的评点充分展现了他对文学批评的敏锐。"让我复活"，马雅可夫斯基在《关于这个》一诗中这样恳求。杨费尔德认为他的任务主要在于让复活的生命尽可能贴近真实经历的复杂性。命运的方向恰恰也影响了诗人的写作，二者的交织是诗人下意识对拜伦和惠特曼的模仿——他钟爱这两位外国诗人，并喜欢阅读其作品的俄语翻译版。几十年以后，他也取得了跨大陆的名望，对弗兰克·奥哈拉和艾伦·金斯堡等诗人的"人格主义"和"自白主义"产生了影响。

瓦尔特·本雅明写过一句有名的话（其实是改写自莫里兹·海曼）："一个死于 35 岁的人，在后人的记忆中，在生命的每一个时间点都看起来是 35 岁去世的人。"一位才华横溢的先锋派作者，很早站在了革命政府一边，36 岁的自杀又至少在一定程度上与对政府的幻想破灭有关——也许他的生命就需要倒叙。事实上，杨费尔德的前言即以那颗穿透马雅可夫斯基心脏的子弹收尾。那颗子弹也"击碎了共产主义的梦想，标志了 1930 年代共产主义噩梦的开端"，华生略显生硬地翻译道。但杨费尔德独特的角度从开头就可以窥见。全书既不从诗人的生，也不从死开始，而是以 1915 年 7 月的一天起笔：这一天，诗人第一次见到了才华横溢的理论家奥西普·布里克和他放荡不羁、魅力四射的妻子——托奥西普的福，她后来 15 年成为马雅可夫斯基的缪斯、主顾和偶尔的情人。奥西普和莉莉也为马雅可夫斯基近乎史诗般的《穿裤子的云》所折服：

> 我的灵魂中没有一茎白发，
> 它里面也没有老人的温情和憔悴！
> 我以喉咙的力量撼动了世界，
> 走上前来——奇伟英俊，二十二岁。（摘自余振的中译本）

马雅可夫斯基后来回忆道，那是"最高兴的一次约会"，也是杨费尔德认为影响诗人短暂生命的约会。

　　杨费尔德在全书第一章铺下了这个为人熟知的故事骨架：马雅可夫斯基1893 年在格鲁吉亚出生，父母是俄罗斯人，1906 年在他父亲去世后搬家到莫斯科；青少年时期参与革命冒险，在沙皇时期蹲过监狱，转投过视觉艺术，最终选择了先锋诗歌创作。惊喜始于第二章，书中的平行生命徐徐展开。杨费尔德详细地记录了莉莉·布里克（原姓卡根）和她未来的丈夫、未来的律师又转投先锋派审美研究（再后来成为特务）奥西普·布里克的早年生活。这两个人在书中自始至终都扮演着重要的角色，即便有时马雅可夫斯基不在舞台上。

　　原书的副标题"马雅可夫斯基和他的圈子"说明了作者的意图：杨费尔德不仅要让马雅可夫斯基复活，也要让他的背景重现，这包括了官方故事的边缘，甚至是被抹去的部分。因此这私密又不稳定的三角，自 1915 到 1930 年不断演变，成为了故事网络的核心，粘连了变换出现的角色，包括家庭成员、不同的情人（三角的每个人都对感情持开放态度）、艺术家、理论家、官员、革命者、反动者、莫斯科人、布鲁克林人、巴黎人、服装设计师、特务、双面间谍，和以上身份的排列组合。先锋派和契卡分子（克格勃的前身）彻夜在一起打牌，革命派诗人参加普鲁斯特的葬礼——这些让人诧异的场景在传记中穿插出现。布里克蜂拥着先锋派艺术家的公寓实际上也是"莫斯科警方的一个分支"，帕斯捷尔纳克如是说。

　　在革命的早期，私人生活、政治、审美交织在一起，难以分割。在杨费尔德的讲述中，马雅可夫斯基和布里克夫妇的命运，和他们家人与朋友的一样，都是时代的印证。马雅可夫斯基与莉莉断断续续的感情不能从他对革命的单相思中抽离出来分析，革命在积极利用他才华的同时又鄙视他的才华也是不能忽视的事实。莉莉——这位舞者、演员、创业者、散发着杀伤性魅力的女人、超前拥抱解放的女人——在诗歌上鼓励马雅可夫斯基，后来却拒绝了他在身体上和情感上的邀约。不管是私下还是公开，马雅可夫斯基被摒弃或被伤害的爱刺激了他的才情。他用同等的热忱歌颂两位缪斯：莉莉与革命。这部个人与政治交织的故事糅杂了多种体裁。列夫·托洛茨基很早就说过："我们的时代不是抒情的。"但是马雅可夫斯基的才华确实适合鸿篇抒情诗，这一点他的朋友和敌人都很快意识到了。

"我们的诗人活脱脱是个马雅变形人"，托洛茨基在《文学与革命》中写道，他"仅凭自身就遍布广场、街道和革命大地"。马雅可夫斯基的朋友和仰慕者，罗曼·雅各布森在诗人自杀后写了一篇题为《挥霍了诗人们的一代》精彩绝伦的散文挽歌，发出了和托洛茨基相似的感叹："他即便尝试书写革命血腥的伊利亚德……留下的不是史诗，而是长篇的抒情诗"。对于马雅可夫斯基在情诗和布尔什维克赞美诗中"抒情的抱怨"，早有攻击出现在公共场所：《马雅够了吧》这一标题占据了 1921 年某期《真理报》的头版头条。就在诗人自杀前一个月，《苏联大百科》将他定性为公开的不合时宜，和彻底的阶级敌人差不了多少："马雅可夫斯基的反叛、无政府主义和个人主义在本质上是小资产阶级的"。

但如果说这位先锋派总被忽视，甚至在国家叙述对他的曲解里腐烂，显然有夸大的成分。作为政权首席诗人特使，马雅可夫斯基从他的地位收益良多。他的世界里感情生活丰富，打牌是再寻常不过的事情，到柏林、巴黎、纽约出差朗诵作品也是家常便饭。《纽约时报》称他为"苏俄最有名的诗人"，诗作"总是以百万计地投入印刷"——"作为俄罗斯最受欢迎的诗人，马雅可夫斯基也是最富有的诗人之一"。

《纽约时报》也许夸大了马雅可夫斯基的印刷量和名望，但杨费尔德指出了关键一点，即这位诗人和他所赞颂的弱势群体之间巨大的收入差异。1925 年，他带了 25,000 卢布去巴黎出差——这是"法国一名教师一年的工资，是苏联公民全年工资的 3 倍"，杨费尔德写道。诗人的赌债是他诸多奢侈消费之一，常常令他在找到下一次经济来源之前东家借点卢布、西家凑点法郎或美金。马雅可夫斯基的个人品味上至锦衣华缎、昂贵手套，下至旅行用的充气浴缸。后两样是有预防性的：他对可能致病的因素有着不可救药的忧虑，他拒绝和人握手，或者在陌生的浴室里洗澡。既大方又奢侈的马雅可夫斯基经常会收到家人和朋友冗长又昂贵的购物清单，涵盖了法国香水、高级时装，还有 1929 年给莉莉买的一辆"小福特"——他从未停止过对她的追求。

以上提到的例子和书中其他细节都体现了杨费尔德对主人公富有同情的刻画，却很难说这些形象是未经修饰的。莉莉在马雅可夫斯基生前和逝后都高度评价他，她也参与塑造了国家对于马雅可夫斯基的崇拜——她曾大胆写信给斯大林要求维持诗人逝世后的知名度，独裁者也听取了她的意见。但是文学家的遗孀（莉莉在某种程度上当然算）在表面上保护过去，同时却习惯修改过去。莉莉对于诗人投入的热忱自然也不例外。她亲自毁掉了那些可能说明她不是诗人抒情诗中唯一吐露爱情对象的信笺。

主宰着马雅可夫斯基诗歌、政治、个人生活的漩涡最终指向了他备受争议的死亡。对诗人自杀和后续扣人心弦的叙述是杨费尔德传记的主要成就之一。他有力地给各种阴谋论画上了句点——诗人是被迫自杀吗？秘密警察是否掩盖了据传是斯大林命令的棍棒打击？这些疑云依旧是俄罗斯电视台播出的小型系列节目和纪录片定期的话题。艺术创作被羞辱，遭到苏联执政者的斥责，还受新一代作家的唾弃。1930年，马雅可夫斯基四面楚歌。

同时，他在寻找正如他早前写道的"和他一样超大尺寸"的爱情路上又一次失败了。波隆斯卡娅再次拒绝了马雅可夫斯基让她离开丈夫的要求。莉莉和奥西普在听到了诗人在柏林的噩耗后，确信自己的缺席是事情的导火索之一。但莉莉在过去十年里就多次听到了自杀的威胁和未遂的故事：评论家科尔涅伊·楚科夫斯基把诗人叫作"天生的自杀者"。结束虽然令人震惊，却不全然令人意外。

但这个结局却使国家陷入了一个尴尬的境地。这位长期以来的革命家和昔日的首席诗人不允许因为政治幻灭而死啊。对于爱情的失望也许在意识形态上不能被接受，在政治上却是个权宜之计。官方叙述称，马雅可夫斯基的自杀源于个人原因，而这些原因却被巧妙地模糊化了。此外，诗人葬礼期间莫斯科街头自发悼念人群的涌动势必也惊动了权威部门，使他们迅速接管了诗人具有爆炸性的生平叙述。杨费尔德补充道，他们接管的不仅是传记：坚定的唯物主义者还急不可耐地要求发掘人类智慧的实体来源——他们把诗人的大脑挖出来，称了重。让国家遗憾的是，竟然比列宁的大脑重360克。

杨费尔德对新开放的档案，包括叶若夫关于马雅可夫斯基自杀的800页文件等，做了爬梳，整理了诗人死后被掩盖的文献证据。他对健在的亲历者和后人进行了采访，分析了事过经年后出版的信笺和回忆录，有时还为这些内容的出版助力。书中一些精彩的插图源自作者的个人档案。实践证明，让马雅可夫斯基复活是一项无止境的事业。本特·杨费尔德通过他的传记给了马雅可夫斯基新生。但愿西方学者能跟随他的脚步，对艺术提出富有重建意义的阐释。

《马雅可夫斯基：一部传记》，作者：本特·杨费尔德，翻译：哈里·D·华生，芝加哥大学出版社。

制度何以转化为战力

撰文：姜涛

　　2015 年正值中华民族抗战胜利七十周年，许多高校和研究机构都为此召开了抗战史研究会议。抗战八年，战乱频仍，原本自应以军事为中心叙史，可粗略一览，多数仍是应景性的研究，少有真正围绕这场战争和参战军队本身做检讨。"抗战"仅仅是研究对象的时空背景，由是，名为抗战史研究，实则是"抗战时期"的社会史、文化史、经济史（这些自然也关乎战争形势，实应充分重视研究，只不过抗日战争史研究的现状过于忽视军事史，似乎有舍本逐末之嫌）研究。而这当中，台湾中研院近代史所的张瑞德研究员在大陆出版的《山河动：抗战时期国民政府的军队战力》（以下简称《山河动》）一书让人眼前一亮，可以称得上是少有的军事史佳作。

一、军事史与历史学

　　军事（战争）在中国近现代历史发展轨迹中扮演着极其重要的角色，绝不单单是抗战时期而已。如按照官方的近代史叙述逻辑，整部近代史就是中华民族抵抗外侮、消除内乱、奋发图强的历史，军事显然颇为关键。然而，诚如王奇生先生所言，"文人出身的历史学者对战争本身以及与战争直接相关的军队却兴趣不大，研究不多"。历史学本身也发生着巨大的变化，从社会史、新文化史的大行其道到如今美国历史学界方兴未艾的科学史、环境史，在这一大背景下，军事史被边缘化已经成为不可否认的事实。数年前，彼得·伯克的《什么是文化史？》在中国翻译出版，一时洛阳纸贵，但少有人知晓，此书的英文版是一套丛书中的一册；同时推出的还有一本题为《什么是军事史？》(Steven Morillo with Michael F. Pavkovic, What is military history? Polity, 2006.)的著作，此书未见有多少反响，国内学界更没有译介，可见军事史之衰微。此外，英国著名中国近现代史家方德万先生曾提及"新军事史"(New Military History)这一概念，但也承认不必太过较真，并非如新文化史能引领学科范式的转移。如果细分的话，军事史实际上包含军事学领域的军事史和历史学领域的军事史。军事学领域的军事史注重战史、军制、武器、军事思想的演变等等，而历史学领域的军事史近来有向传统史学中的制度史、社会学靠拢的趋势。过去的镜头只对准表面的军事问题，而现在则更关怀军事、战争背后的更深层的社会变迁、权势转移。张瑞德这一新著便是属于历史学领域的军事史。

二、制度与人

《山河动》一书脱胎于张瑞德旧著《抗战时期的国军人事》(台湾中研院，1993年)，并在此基础上增添了部分新近的文章，重新校对编排而成。在张瑞德的研究问世以前，海峡两岸尤其是大陆对抗战时期国军的认识还相对较为模糊，大部分研究只是粗线条的勾勒，局限于军队大单位和人员派系层面，甚至不少还掺杂着意识形态和政治导向的影响。张著开抗战军史研究之先河，真正做到以"人"为中心，落实到国军自上而下的实际运作和生存状态。这在很大程度上得益于本书作者较为特殊的经历。张瑞德曾先后供职于台湾的军史编纂部门和南港的中研院近代史研究所，有着平常史学家难以企及的天然优势。书中引用了不少藏于台湾军事当局的档案资料，对许多文人难以理清的军事问题有着深入浅出的解释，而且处处体现出作者深厚的史学素养，其对史料的把握和时间性的体认都远超一般学者之上。在讨论各级官佐和士兵的来源、组成以及素质中，作者使用了《陆海空军军官佐任官名簿》（1936 年）、《现役军官资绩簿》（1947 年）、《中国陆军军官出身统计报告》（英文，1936 年）、《军事委员会军训部中华民国三十三年统计年鉴》（1945 年）、《陆军第十四军三十四年度工作报告书》（1946 年）等多份珍贵的历史统计资料。因有这些大量细致的材料，作者才能将国军官兵的组成较为详细地勾勒出来，较之过去论述中的语焉不详或想当然的"片面经验"来得更为信服可靠。作者利用统计学的方法，将繁杂的数据用简明的表格呈现出来，并据此认为抗战前后高级将领有黄埔化的趋势，而中下级军官有行伍出身逐渐增多的趋势。此外，在比较分析将领与士兵的素质时，张瑞德得出的结论与当年美国在华军事人员的判断不谋而合，即高级军官素质较低，而士兵们则作战勇敢，限制了国军战斗力的提高，而张的论述由于有多样性的材料支持，在细节上更为丰富饱满。北伐以后，南京国民政府尤其是蒋介石本人高度重视军队建设。抗战前后,蒋先后聘请了大量德、法、苏、美军事顾问，以期帮助国军实现现代化。国军在各方面开始仿照外国军事制度,并制定出台了各类法规,推广施行各种军事改良办法。然而,事实上,西洋制度未必能很好地贴合中国实际。各类制度在很长一段时间都未能走上正轨，实际运作更是与设立制度的初衷大相径庭。例如，本书有专章讨论国军参谋人员和参谋制度。中国于清末开始引进西方的参谋制度，不过囿于积习，抗战以前很多军队仍有把参谋视作"军事秘书"，带兵官多瞧不起，"近代中国的军事参谋系统，一直要到抗战期间才逐渐建立，发挥应有的功能"。虽然如此，抗战时期国军参谋仍然地位低下，参谋教育与人事制度依旧有不健全之处。事实上，导致这些问题出现的原因，主要似非规定不全，制度不立，更多如作者所述是中国传统社会中学缘、地缘、旧属的羁绊，以及军界对参谋不重视之旧风气所致。国军的任免、升迁、奖励、抚恤制度亦是如此，看似制度规章样样俱在，可实际处置却又另有一套"潜规则"。中央与地方的关系同样在某些层面限制了国军的发展。中国近现代史著名学者齐锡生曾就抗战时期中央与地方（嫡系与杂牌）之间的关系作了较为详尽的论述。在抗战初期，由于中央与地方面临共同的敌人，两者的关系还维持着一定的良性互动。随着日军攻势的减缓，尤其是1941年太平洋战争爆发后，中央军与地方杂牌军的关系逐渐紧张，甚至前者在与后者的力量对比中落入下风。是故，中央军为了监视地方军，只能将精锐部队分散在各个战区，以致再也无法集中兵力，发起一场大规模的反攻作战（Ch'i Hsi-sheng, Nationalist China at War, 1982）。张书"中央与地方的人事"一章同样敏锐地观察到这一面相，并进一步认为地方部队无法彻底中央化，除中央整合全国政治的能力有限外，与任用私人和"关系"有着莫大的关系。作者指出：当时中国仍是一个纯粹的农业社会，尚未建立起商业制度。大凡商业社会，其中各种因素均可自由交换，相互取代。而传统中国社会，所赖以联系的，主要是血缘、地缘、业缘等"关系"，而非制度。军队为社会的产物，自然也反映其作风……（国军）除了强调人身政治，似乎没有其他更好的选择……相反的，如果一个部队中成员之间的人际关系网络遭到破坏，则其战力将立即受到影响。

因此，在处理地方部队问题上，中央在很大程度上也只能容忍妥协，很难彻底改变地方军自身的内部结构，所谓的"中央化"也只是名义上的服从中央，而蒋介石"只是一支拼凑而成的军队的领袖"。作者引申论述道，中共在整编非主力部队中则采取与中国传统"人身政治"截然不同的做法。中共军队的人事制度实际上是"主义挂帅"的人事制度，而非被"关系"绑架的人事制度。在处理来路不明的部队时，共军相较与国军更能大刀阔斧地改编。虽然，这一论点不无简单化（中共在抗战时期改编地方部队时也遇到了相当多的挑战，很多时候需要对一个部队多次改编、混编、升级、降级等等，尽管如此依然有大量未能"党化"的叛变的地方部队），但亦可算是有着从大处着眼的准确观察力。

三、制度与战力

按照军界传统军事史研究法，军队的武器装备必然是叙述的重要一环。一支部队的战斗力高下与武器装备的优劣有着直接的关联。张著以"抗战时期国民政府的军队战力"为副标题，自然会让未展页阅读的一般读者联想到繁杂的充斥着专业术语的武器装备。然而，作者在前言中便明确了本书的中心思想：众所周知，军队的构成，自然不外人员和装备，进步的机械化装备固然是现代化武力的基本条件，而运用装备却依赖其人员，故建军不能仅注意装备，而更需要注意人员的任免、升迁调补、奖励惩戒、待遇福利，才能使人员的动员补充、任用调免，运用灵活，适时发挥新陈代谢的作用，让进者称职，退着所得，进而提高战力。如果人事制度运用得好，上下一心，不惜牺牲，则用较差的武器往往也可以击败有精良武器的敌人；反之，即使有良好的武器装备，但是没有良好的人事制度，人员不能称职，也不能发挥武器的力量。

是故，在作者看来，衡量部队战斗力的水平时，军队人事制度同样十分关键，其重要性甚至不亚于装备。装备固然重要，但制度更是一个国家国防军事得以顺畅运作的根本保障。抗战时期共军的军制便与国军的截然不同，采取主力军——地方武装、游击队——民兵、自卫队三位一体的军队体制。根据战争形势的变化，共军进可以由低向高，由非正规向正规部队升级、提高；退则可以由高到低，分散转入游击战争，培养基层武装力量。这套军制在抗战时期已经取得了良好效果，帮助中共度过了敌后抗战最艰苦的时期。在国共内战时期，共军以低劣的武器装备逐步发展壮大，最终在与相对较为现代化的国军的较量中取得了胜利，其中一个重要原因亦是这套军制保障了中共源源不断的兵员。我们在国军驻印军上亦可看到制度（人事制度）在改善军队作战力上的显著效果。驻印军远离中国本土政治纷争，在美军的训练与帮助下，有了很大的改观。驻印军不仅按照美军编制进行了改变，而且相应配置了部分的美式装备，实行了美式训练，为之后与缅甸作战取得胜利打下了基础。抗战时期，国民政府其实是动员农业国去抵抗现代化的日军。国府高层包括蒋介石在内自然也想利用现代化因素（武器装备、训练方法、人事制度、军事科学思想等等）去增强抵抗能力。可是这种将外来因素播种在中国的土壤上仍需考虑其适应性，并不是拿来即用，囫囵吞枣。张著中论及外国军事援助时便有提到，"各国的战术原则及训练法则，均依其本国国民的素质、预想敌国、预想战场及编制装备等而不同。中国自有特殊的国情与特殊的环境，应有适合于国军特质所需要的战术原则与典范令，方能统一战术思想与训练方法"。但是，国军的外籍将官经常替换，效法内容不一而同，于是本国原有的思想资料未能很好利用，却也没能习得外国优秀内容的精髓。抗战时期历任师、军长的丁治磐将军便在其日记里多有抱怨，认为就连日军都以《读史兵略》之类的书作为必读书，中国军人却不加措意，反向外国人求战略战术。他认为应该在提倡古学的基础上，"参以现代战术原则以发明之"。国民政府退台后，革命实践研究院研究员叶锟同样认为，国军失败一重要原因是"对外国的军事科学未得皮毛，反将自己的传统的军事哲学抛弃无遗，逐渐变成死的训练、死的指挥、死的战法，而无战术思想可言"。蒋介石对此的反应颇耐人寻味，他倒并不反对西方的军事科学，只是他认为症结在于过去军事教育只注意"世界各国军事教育的形式和皮毛"，根本不是军事科学，更谈不上军事科学化。上述两种不同的反省提示我们，无论是外来的军事科学还是人事制度，本身不致有错，关键是如何在本国的环境下吸收消化。虽然，从近几十年的历史观之，西方的军事现代化也暴露出其存在的问题，但在 1940 年代以农为本的中国，努力用军事现代化抗强敌，仍不失为正确选择。然而，国军上下不仅未能很好地将外来资源与本土资源相结合，也没能真正去理解学习西方。反观中共一方，在苦练游击战的同时，并不排斥西方现代军事思想，更不反对在形势改变的情况下大力发展正规军。1944 年以后，中共各根据地开始大规模升级地方武装、民兵，扩大正规军规模，提高运动战作战能力；与此同时，中共也在进行大规模整军运动，尤其是正规军主动从苏联借鉴经验，学习、演练新式战役、战斗战术。

张瑞德：《山河动：抗战时期国民政府的军队战力》，社会科学文献出版社，2015 年。

书情
—— 美国学界日本历史图书推介

撰文：黎又嘉

一、被"驯服"的欧洲：荷兰东印度公司与德川幕府之间的角力

书名：*The Company and the Shogun: The Dutch Encounter with Tokugawa Japan*

作者：Adam Clulow

出版社：Columbia University Press

出版日期： 2014

ISBN： 978-0-231-16428-3

　　1627 年 10 月，荷兰东印度公司特使彼得·纳茨（Pieter Nuyts），带领着荷兰士兵、译员、随从，甚至还有日本武士，带着要献给德川将军的丰厚礼品，浩浩荡荡抵达江户。这位莱顿大学的高才生深谙亚洲事务，此刻刚被任命为东印度公司的台湾长官。如今南澳大利亚海岸的一些地方仍被冠以其名，以纪念他当年的澳洲远征。此番来日是为解决不久前日本与荷兰在台湾发生的贸易冲突。纳茨踌躇满志，准备了对德川幕府的诸多要求。然而这次江户之行，

不论对他个人还是对东印度公司来说都是彻头彻尾的失败。接下来的这一个月内，他连将军的面也没有见到，礼物被弃置一旁，和谈要求也被弃之不理，甚至连离开江户的要求都无法得到批准。他不得不在某天深夜召集了零星几名部下出逃，然而没走几步就被江户守夜抓到。直到 12 月，和谈也未取得任何进展，纳茨只得灰头土脸地返回台湾。这一看似充满戏剧性的事件，其实是德川时期日本与荷兰，甚至亚洲与欧洲之间交往的常态。和中国的明清海禁相似，江户时期的日本外交政策常被一言概以"锁国"之名，然而事实是否确实如此？纳茨和荷兰东印度公司在幕府的外交挫败是否佐证了德川的闭关自守、跋扈无知？对此，日本史学者 Adam Clulow 给出了一个颇为惊人的解释。他认为荷兰的屡次让步恰恰证明了德川幕府实际上牢牢把控了海洋外交的主导权，甚至可以说是一个外向型的政权。事实上，德川幕府海禁锁国之说早已被许多学者驳斥（如 Ronald Toby，Gregory Smits，荒野泰典），日本与中国、朝鲜、琉球乃至虾夷地（即北海道）都有密切往来。对荷兰来说，日本甚至是一个比中国更加友好的贸易伙伴。从 1609 年第一艘荷兰东印度公司的船只登陆日本港口开始，到 1795 年东印度公司因负债而倒闭的近两百年间，荷兰在平户和出岛都设置了常驻分支，日荷关系也相当稳定。但与之前日荷关系的研究不同，Clulow 并没有仅将东印度公司看作是一个商贸机构，更不是西方殖民主义的代理，而是一个自主的海上跨国、半国家化的政治经济组织。在这层意义上，荷兰东印度公司与十六世纪起在东亚海域积极活动的倭寇和郑氏家族并无二致。本书从日荷双方对外交权利、暴力和主权的诠释和利用出发深究两百年间的日荷关系。Clulow 认为，荷兰与幕府之间的长期交往并非基于之前学者们描绘的"合作"关系之上，而是冲突不断。他追寻了历史上荷兰东印度公司与德川幕府之间的冲突，发现每次都是东印度公司以自己的外交权利、主权遭到侵犯为由发难德川，但总会以让步甚至投降告终。交涉之中，荷兰人会利用欧洲关于私有化和主权等一系列法律概念谈判，却一再受到德川的强力牵制。即便禁海，幕府仍掌握了大量关于海外世界的情报。他们深知荷兰对日本的贸易依赖远大于日本对荷兰。而对于幕府来说，与中国的商贸关系才是最重要的经贸和信息来源。因此即便日本有时会面临荷兰发动海盗攻击、进行武装报复的危险，他们仍深知屈从日本才是荷兰保持贸易权利的唯一出路。一言以蔽之，德川政府"驯服"了荷兰人。关于世界史"大分流"的辩论持续至今，但本书是少有的从有"锁国"污名的日本出发直击"东西"关系的著作。德川时期的日本外交研究多重视东亚的区域体系，但 Clulow 关于日荷关系的讨论直接瓦解了东方主义概念之下欧洲中心论。不论是对日荷之间相互角力的生动描述，还是对前现代全球史大背景的讨论，都让人耳目一新。

二、拉面秘史：日本政治危机如何引发了一场全球饕餮盛宴

书名：*The Untold History of Ramen: How political crisis in Japan Spawned a Global Food Craze*

作者：GeorgeSolt

出版社：University of California Press

出版日期：2014

    同许多国民食物一样，拉面不仅仅是可饱口腹之欲的食物，更是一种文化意象，同时承载着看似相互矛盾的文化涵义。它源自中国，所以是一项"舶来"之物，但是各式各样日式汤底又是日本创新能力的力证；它可以象征效率，1958 年日清方便面的问世更是掀起了食品效率改革，但同时它又可以是倾注匠心、一面入魂的艺术品；它是典型的蓝领日间快速饱腹的选择，但也是都市小资深夜食堂的治愈良品；它风靡全球，是日式美食的象征，但它以小麦取代水稻的制作工艺又可以被解读为日本传统文化的流失。然而，拉面出现在日本街头也不过是从 1880 年代开始的事情，作为日本的象征风靡全球更是一个二十一世纪以后才有的现象。在这样晚近的一段历史中，拉面是如何逐渐承载了如此庞杂纷复的符号，它的人气背后又有着怎样不为人知的故事。纽约大学教授 George Solt 最新的学术专著呈现的正是这样一段看似有趣、实则严肃的历史。Solt 笔下，拉面与劳工、外贸、战争、日常生活、国家身份认同都有着错综复杂的关系。本书分为两部分，前半部分探讨从明治初期到二十世纪

六七十年代，拉面作为日本大众食物的发展史。1880 年代，拉面随着第一批中国劳工走进横滨中国城，直到 1920 年代，日本餐馆开始雇佣中国厨师，拉面才开始打开在日本的大众市场。值得一提的是，拉面最开始的名号并非拉面，而是"中华荞麦面"或者"支那荞麦面"。而"支那"这一标签，正折射了其时日渐强势的日本帝国主义意识形态。1940 年代开始，战时的大米短缺使各式小麦制品流行起来。拉面同面包、饼干一样，成为战时节俭行为和理性屯粮的象征，也同时悄悄改变着日本人的饮食结构。战后，大米短缺并未改善，而日本同欧洲一样开始严重依赖美国大量的救济小麦。与此同时，日本的高速二次工业化又引起了建造业大潮。而拉面作为快速补充能量的工薪食物，又开始遍布大街小巷。而拉面头顶上"支那"的这一标签则作为帝国主义的记忆污点被主动遗弃。到五六十年代，方便面的迅速崛起与当时日本家庭结构的变化、食物消费主义的发展、饮食结构的同质化、年轻人的流行文化、甚至家用电器的革新都密不可分。如果说前半部分讲述的是拉面灰头土脸的本土史，那么后半部分探讨的就是它作为国家象征走向世界的转型期。在麦当劳，Denny's 等美国连锁快餐店开始全球化的二十世纪八十年代，拉面也开始被打上日本文化的烙印走向世界。此时，日本已经创造出让世界瞠目结舌的经济奇迹，物资短缺、失业动荡都看似明日黄花，而民族主义则在全球化背景下迅速崛起。在这一过程中，拉面最有影响力的竟是它的"怀旧"意象，它代表着战后那段人人平等、一同为未来奋斗的蓝领时代，而它的亚洲基因又赋予了有别于西式快餐的文化底蕴和本土创新力。在这种解读下，比起盈利和效率，拉面文化开始愈加注重匠心技术和区域特性。1994 年花费 3400 万美元建造的拉面博物馆正是这一文化走向巅峰的象征。Solt 还用了两章的笔墨描述拉面生意在纽约和加州的发展。

　　Solt 这本书与其说只有关拉面，不如说是日本过去一个世纪的日常生活史。在过去的一百年间，当人们心存敬意地享受面前这一碗拉面时，他们所身处的历史语境对工人阶级、国家民族认同、工业化、美日关系和全球化的诠释都各不相同且意味深长。做民众史的历史学家们常囿于史料和角度的局限无法展开全景描述，而饕餮美食却是一个联接历史与当下，宏观视角与微观经验的绝妙角度。不论是想一阅究竟，还是从方法论上取经，本书都值得一读。

三、"同化"朝鲜殖民地的公共空间：殖民帝国不可能完成的任务

书名：*Assimilating Seoul：Japanese Rule and the Politics of Public Space in Colonial Korea，1910—1945*

作者：Todd A．Henry

出版社：University of California Press

出版日期：2014

ISBN：978-0-520-27655-0

    1925 年，日本合并朝鲜十五年之后，驻朝日本总督在首尔的南山顶上修建了一间日式神社。至此一直是朝鲜王朝首都南缘的南山，一下成为首尔的市中心。直到 1945 年被拆除的二十年间，这间神社一直作为日本天皇万世一系的象征，宣示着日本帝国的绝对统治。二战期间，在首尔的所有身体条件允许的居民都被强制要求每日在此参拜，以示殖民臣子对天皇的不二效忠。这一切似乎都是日本帝国意识形态成功深入殖民地的明证。然而，当神道学者小笠原省三于 1925 年 10 月亲临南山的朝鲜神社开幕式时，他看到的是敷衍了事的韩国人。不鞠躬，不祈祷，左顾右盼，毫无诚意。小笠原在他的日记中直言了他的担忧。从空间改造到思想灌输，难道日本仍然无法"同化"韩国人？Todd Henry 的这本书探讨的正是这一殖民帝国的终极难题。受福柯学派的影响，许多学者将十八世纪以来现代政权描绘成从主权（sovereignty）到治理术（governmentality）的转变。前者强调中央集权对君主领土完整性和绝对权力的保护，后者则以看似更加"文明"或者受到制约的权力方式对公民进行劝导和渗透。但另一方面，又有许多传统的历史叙述都倾向于将殖民政权描写得冷酷无情、刀枪不入，可以轻而易举地灌输理念或者政治镇压。但这两种解释都无法完全解释殖民帝国的统治方式。在本书中，Henry 将日本在朝鲜的殖民

统治称为"奇怪的混合物"（awkward amalgam），同时具有主权、统治术和殖民原则的特性。但他摒弃了传统自上而下的叙事角度，而力图从民间日常生活出发，通过普通民众在京城（首尔）与都市空间的互动，呈现一个更为复杂的民族志（ethnography）。Henry 在书中探讨了从日韩合并之后到二战结束，日本在首尔进行的几项重要的对公共空间进行改造的同化政策。对景福宫的改造是"物质同化"一例。作为朝鲜总督官邸，景福宫同时也被精心改造用来作为朝鲜博览会会址，以宣扬朝鲜在日本治下的繁荣进步和勤俭节约的职业美德。然而在 1929 年经济危机当口开展的博览会，对景福宫自以为是的仿韩式改造，以及强迫农民千里迢迢来参加如此昂贵的博览会，只进一步恶化了日本原本想掩盖的殖民地与宗主国之间不平等的经济关系。日本对首尔进行的卫生改造是"公民同化"的一例。殖民政权意图通过警察机构强制实行卫生条例，将朝鲜民众纳入"文明开化"的现代国家的公民体系中来，却因代价昂贵和成效甚微遭到了草根群众的反抗，日朝精英就"现代卫生"到底意味着什么也进行过激烈的争辩和谈判。而前面言及的神社改造则是"精神同化"的一例。合并 15 年之久才由总督建造的南山神社没有成为臣民们参拜天皇的教育基地，而是韩国民众娱乐旅游的胜地。另一方面，总督修建的男神神社还因为危及了其他较小规模神社的权威而遭掌管小神社的日本人的反弹，他们甚至通过组织节日盛会，来扩张自己的势力范围以对抗总督的殖民政权。在这里，宗主国与殖民地、现代性与殖民性、包容与排外，这些看似黑白分明、相互对立的二元概念之间，竟产生了许多可供商讨的灰色地带。殖民政权虽采取了一系列同化政策，但并非想象中那样可以将殖民地玩弄于股鼓掌之间。而普通朝鲜民众可以反过来利用宗主国所创造的城市空间，表达他们自己的意愿和观念。而在首尔的不同的人物群像、不同利益群体的存在也证明了历史并不是被殖民者对抗殖民政权那么简单。朝鲜的精英、草根，甚至被称为"中间人"的日本移民，在殖民岁月中都有自己的声音和诉求。

四、媒体与书写科技如何造就了明治的文化运动

书名：*Writing Technology in Meiji Japan: A Media History of Modern Japanese Literature and Visual Culture*

作者：Seth Jacobowitz

出版社：Harvard University Asia Center

出版时间：2015

ISBN：978-0-674-08841-2

19 世纪对于许多国家来说都是文化运动盛起的时代。媒体科技的发明（如电报）、文化交流的全球化（如浮世绘与印象派的相互影响），以及民族主义的兴起，相互交织并深刻影响着人们通过口头、书写以及视觉交流的方式。与中国"新文化运动"相似，日本明治时期也兴起了一场"言文一致"运动，倡导文字改革和国家认同。Seth Jacobowitz 的这本书独辟蹊径，从明治以来书写科技和系统的转型角度，将这一段历史娓娓道来。江户时代，传统的书写言文与口语并不统一。但随着明治维新和日本帝国的崛起，民族国家语言的统一性成为当时日本精英的一大课题。Jocobwitz 描述了标准化语言运动的轨迹。其中起重要作用的是日本邮政制度之父前岛密。前岛密早在 1866 年还是德川幕府治下时，就曾向将军递交过重视口语废除汉字的方案。他从英国留学归来之后，担任明治政府的邮政总监，在日本群岛及其东亚帝国中普及电报通信网络，并设定了将手写体和打印体的文字通过电报通信渠道传输的方法。这一举措不仅方便了日本国民通信，也加强了国家通过这些渠道监控信息的能力。通讯网络建立之后，日语的书写形式也经历了长时间的实验和辩论。1872 年森有礼从英美社会当时的拼写和语音改革中得到灵感，进一步提出了"简略英语采用案"，作为一种快捷的方式统一日语，进而强化民族国家认同，并由此同西方列强进行对抗。虽然这一方案没有完全被采用，但假名的标准化、汉字数量的削减、罗马注音的标准化都与森有礼的最初方案异曲同工。1882 年田锁纲纪借鉴了 Isaac Pitman 的理论，创造了日语的速记法，由此引发了经济政治文

学领域大规模的记录革新。这种所写即所闻的书写技术进一步推动了日本国语标准化的改革。正是这些书写系统的变革孕育了现代日本语和日本文学的诞生。Jacobowitz 在书中详细解释了许多日本文学大师的作品加以佐证，详解其中妙处以及历史背景。如黙阿弥的歌舞伎剧本《岛千岛月的白波》，日本徘人正冈子规的作品等等。他也探讨了在绘画、摄影领域相似的速写法的革新，作为当时主流文艺作品转录现实主义(transcriptive realism)的一种表现形式。写于 1905 年的《我是猫》是夏目漱石见证了"爱迪生世纪"带来的各种信息技术变革之后的作品。在现代日本文学追求捕捉真实性（ありのまま）的风潮中，Jacobowitz 认为夏目漱石的笔法反而是对这一"转录现实主义"的批判。他详细分析了漱石如何通过猫的口吻，质疑现代书写技术、速记法、录音甚至语言本身的真实性。本书并非入门级历史读物，读者也许需要一定的日语或文学理论功底才能完全理解作者的分析。但 Jacobowitz 确实提出了一个极其有趣的命题。我们脑中所想和心中所感的表达，其实很大程度上取决于媒介技术本身。从思考到书写，从书写到打印，从打印到传播，都不是一个理所当然的过程。对转录现实主义的思考，在一定程度上，也是对我们自身现代性表达的思考。通过这一思考，不论是明治日本的文人和国家精英还是我们自身，可能都会得到有趣的启发。

2015 年，通过"开始众筹"平台，我们为"重思近代变革的三部曲"发起众筹，社会反响热情之高令人深受感动。以下诸君通过众筹，参与了本书的出版，共同为之贡献了力量，诸位与我们的共同前行，是比出版更令人鼓舞的事情。 在此我们衷心表示感谢，并对图书因故延迟表示诚挚的歉意。

A （五万）

名誉联合发行人：于成

B （一万）

王瑛
张洁平
左志坚

C （两千）

赵屹松
Jixin Amoureux
jiakai
Geshuaiye
wanghui
沈尼可的理想
偶偶风
王厚
秦霞
毛毛 -789
鑫莹 @ 王大米说说
Bird
山鬼子
王小源
Zhong Bei
丁筱
L 罗丹
许志学
蒋晓捷
东善桥
白雪

D （三百）

lilinghua
驯鹿望月
子不语
品观网陈攀
evolymho
于成 .
天涯（周惠）
ziggy
深圳知元知识产权
榕禧

Xueqing_lin
粗人
苏合
靖哥哥
黄国明
老宋
sailor
理智之年
萌萌妈妈 2012 的夏天
LI 路遥
newnew
何佳憶 001
唐浩新
文为民
国泰民安
chinesepoet
饶展
付春媛
大佐你好
当笑草遇上芦苇
缅甸蔡峥霖
法厄同
廉彦
czphappy
马屎咖啡
双
苍天蓝耀
澹舟
丽竹 · 白
李唐辙
正火哥
付春媛
苏芮
wkx0317
zhuxysh
诚信男孩
温馨
huangbin
zbl
马宁
Joan Z
梓乡牧羊人

虎皮蛋
令狐茂林
四月之光
禾⌢隐隐
最好别年
王鹏宇
陆红宇
书虫子 2010
云山小馆
Claire
PATO
沈阳易水书阁
CandyDuke
定定
许凯
红脚猫
愿意担当责任的青年
大王
苏印
muzer
袁欣
施伟达
沁沁河边草
张家宁
年少轻狂客
wmy1959
高小龙 .
woo
Kevinact
张八叉
蘇海川
杨伟礼
杨森
刘虹
麦苗青青
irishcreamsh
Wyrd
小资书虫
咪咪鱼
Amy Jiao
小凡子
请叫我 elane

从深高到暨大的 Mr.Lai
AnD
高巍
张洋
赵浩
荒野的呼唤
叶笑了之
warii
Hello，Superman
卧荒虎
TONY
卢真
Evateng
张晓磊
杨钊
黑炭
swarmai
许乐
焦阳
along
Yizao
花俘雨 ly
卓吾
carljung
赵金强
龚海冰
一颗滚石
Cwei000
源德居士
丁伟
jjlee
阎峰
任雷
叶荫 YeYin(Anne)
Vivianwei
手机用户 1409364402
祁
典
张灿坤
纪小城
印子
Leilei

BYF 周洋 姚骏 胡晓清
土三轮 焦建 子午 CPA 常伟常行
小小窗儿 汪杰 左小鹤 凡高
nhanny 杨聘 张老汉 嗯哼
choo 青山 海鱼儿 笑阳
nightraide 告别的年代 易泊花 燕麦片
阿凯 赤小豆 阿森 ASUM kokoni
jame99 墨海云天 张堃 Raymond 李伟
婉约土豆 sahara L.R 潇湘
Tony Ouyang mingming 孔祥瑜 宋家泰
茶马古道 载酒观花 A 数码电通 我思，故我然
侠客 文 李润雅 YH 好鱼
敏子 张小翔 蓝血 渐之
吴健伟 唯一选哲 刘阿娟 ljw 的剩闲身
Tonng 洁平 向凌云 小志
三诗 AmoKang 贾晓涛 故事蓓蕾
古木 程志 johnnyzyw Jeddy
GQ.Wang 龚海瀚 贡确多吉 A^O^Fly
David Wang 小雅妈妈 林纪庆 左右左
胡洋 この海の出逢えた·某红 乐驰互联吴建荣 贡永峰
李燕红 果 缦瑾 珍珍豆
sevenyears1212 morning 麦客北北 ZhuLi-David
plus 陈烨 成功减肥人士 Selinalolo 张晓莹
Floyd Yu 黑名单 马行者 少年游
杨红 三车和尚 花开东天 涓在表达
其让.鲁.雅克 秦廷瑞 刁媛媛 Masha Gao
陈炜 Joshua jacky 荒儿 XO
绮她 刘 33 王贰佰 真正自在
刘正赫 立勇 朱南 xxz
teng lijian 董瑞 老崔
32 摄氏度 nt YU 小鱼 齐国静
王玉萍 alicewang 农民唐忠 吴方军
西岛 Whyya TINA 大明鼎鼎
宁馨 Tony Xie 赵明 oscar 奥芸儿~
汤同学 沉寂狼 Sammie 蓓蓓 何必。
why22 雨门 李稳 梦夕林
陶之 ARata 海上来 晓宇
lee venicecoco 去尘远 倪小倪
我家蚊子霏 e 婉 swita 硒水锶源
云淡风轻 531 厉揭 朱妞妞 ccddzh
yzfx123 Evon 追风老爷 C E
跑步管理学 mxn 跑焦 阿杰威武
孤鸿 童狗儿 王静妍 尉进耀
东哥 0108 糖 肖李 海员 311
BIAN 王鹏鸣 散兵游勇 杨帅
王霄 青山如是 Lockezhang 微生
灰姑娘 勇敢的心 Past_vistor 一笑黄
丁云 ZJY 瑾艳 祝玉飞 张孟岭
Bati 爱和 理想主义 _2012 小天
式小姐 东东 谷光昭 Mia 荔芋火鸭扎
Feiyi 丁晓峰 海天一色 柯桦龙
poison 曹晓钢 客家張小戈 amadeus

BIG 雪糕	LJ	hu_lake	将相征程
张文政	Hongyu	qiwbaby	hdx
CD 心情	签签君主	旻	逍遥游 770
感觉不错	吴维民	云中君	家有壮壮
李寻坤	Somerset	黄海峰	卖小徐的器械
浪漫紫竹	京京	很随便	阿郎 v5 小小公益
九九归真	王灏君	西子 2010 世界	廖春兰
心田	guofeng-6-9	上班需要一小时	张书亭
李雨聪	王吉陆	陈新杰安防监控	球儿
是 me	v63sam	高峰的泥上指爪	田路 2015
goodman 何	通庆	龙珠	Jill
Ethanwu	老苗	知行客	我很黑!
夏夜的风 009	钱建江	Allen	武 ~
Barcelona	yaoyao	warmthinker	刘力兴
卡卡西（LXX）	东山郎	WXAngel	Gnosis
yiyi_sunny	不良人洋葱	三亩地	大勇
mjh8611	小逃气的妈	陈四根	李晓明
风雨彩虹	南岭小学生	宅女 s	武夫
西行西	愤怒的怪蜀黍	晨说陈语 ~ 陈子蔚	苏武新牧
Cannon	sml	乔	zhangzhang
冠冠	银翘解毒	影子和光	黄小川
严志刚	gavingle	年轻的世界	夜，还是来了
妖怪瓶	Lixian	黄苹	nilvke
李繁华	丰之余	周雪梅	植
我是谁	法米蓝瓷	黯夜天堂	日月同辉
尹凡	平静的坏心情	Gideon Hope	skyyawh
中建东孚长跑队	达达杀猪菜	刘平	Firepassor
不二	塔西伯里克	黯夜天堂	向日葵 well
陈楠	wensikate	tigerliao	Kelvin-Ureal
蜜丝阿格蕾	宝慧慧	想飞的沙枣花	章孜凡
冥夜亚伦 htx	Cindy 周	黄新思 - 仕道金略	vanyar
ccbabe	乔晨	11 铁蛋	MayLiu
Song	陶晓明	linhui	郜章银
gjjmba	潘顺卓	宏豪	A- 蒋委员长
zincho	x	齐文鲁化	Faith
平建树	Christina 仁真拉姆	夏灏	寻常的蓝
Wei wei	夏锋	润行	吃太多
吴丽霄	七七	赵龙	老友
慢刀	TRISH 刘子	wenwen	李征
疾风知劲草	路压君	德彪东	亮伯
知行合一	朱岳琳	Lightcaller	哪吒三太子
郑卫忠	建周 1975	王春玲	ZHOU QING_ 太保安联
一路风景	岑淼	贝壳白	nelsonma2015
柳建国	陈良程	风之子	蒋嘉麟
高国昌	得分后卫	禾予	黄钰
小哲	张三胖	karlmarx	红狐
Kongwu	自由胜旭	毛小贱	You Raise Me Up
糖果	许晓辉	coldhan	了了了染
海	林宇	林俊丰 Henry	朝亮
墨墨	沈阳青云	王玮	franklin
林铁力	黄洲承	葡萄酒小皮	everice
赵老汉	方矍	NewMeAt2012	kasim

云安
YANG
喵星人
卢宁
良药·海蛎煎
陈一
sherry she
Shawnhunan
Bananabird
静观尘世的朱玲
WALLZAN
老熊威尼
Lemo MIU
林叔
壹贰
朱芳文
冯宇雷
唯 享乐
Yinner
木林森
土豆 99
鱼年
1 号楼
负轭的小马
沈巍
邢超亚
薛力
Eva
你好花花世界
刘哥
姜楼楼
刘振宇
张泽涛
淼淼
见山
Hi Barry
光军
韩嘉勖
Joelay
冯达裕
handsomeshuai
季绍宇
胡不了
无我
魏冬早
landlord
在路上 2015
tomtong
Drhuanglin
Punch
张玉峰
Toward Tibet

张乐
张斌
suger 罗洁
钟鸣 66
刘庆为 @wales
吴臻斌
飞鸟
莹亮 wilson
付俊
颜芳
道法自然
卖小徐的器械
Kaibun
nikiwang
绿金刚
李妍
婕婕 周
老乐
迈克老吴
吴志力
宫小傅
洪利微观察
李喆乾来自 Weichat
老祁
易诚
Summer.H
世超
老木
小旦
章丰
刘红燕
怡然天空
周恩去
YingJie
追风筝的渔
elainecrx
童话的梦之旅
仇勇
周小丫
檀衣
谭谈 tt
欧阳盆栽
陈东来
《行周末》徐小芳
村上小站
听说
唐艺元 FIFI
Raphael
叶子雨涵
我是方晴
Tian
水水兰

赵鹏飞－铁岭人
小资书虫
乔文星
海潮自在
Yijing
叶喜宝
葱家的小毛毛
陶辉东
judyxia
李三水
zoelife
Kevinact
白桦林
ban
无影树
Alicia
Ning Ren
黄药师 Dr. Wong
Rachel 程舒翊
自由人高
尤洋
自由浩瀚
LaNirvana
璐璐多喝水
叶滢
弃疾
深夏 1026
詹姆斯
ken
江水滔滔
北極星之一
不加可乐的冰
自由沸点
关予 Gloria
@TT810
超人琳
sammi 刘亦嬑
梅小排
格瓦拉 －－ 从心出发
醉语听风
Cicely
沧海飞蛾
颜小鹏
施宏斌
cz
Chen Ping
敖敖爹
剑宇虹天
蒋超
谢家书屋
晃悠 －lunar
贰不可言

李蕾
雨后夜月
董磊－口水军团
杨怀新
杨江荣
清晨
andyan
刘浪
silence
小丑秋水
叶振来自 Weichat
己酉黎明
锦瑟无端
唤之
懿寒
李白
张学不良
陈志刚
王师
闻及过耳不作声
纸片
郝思远
Audrey
陈海群
万能年糕
静静静
迎着夕阳飞奔
次元歪曲
黎墨
王小石
niMin

Contributors

黄克武

牛津大学东方系硕士，斯坦福大学历史系博士，现任台湾"中央研究院"近代史研究所研究员、所长。长期在台湾中央研究院近代史研究所从事研究工作，研究方向为中国近现代思想史和文化史，为台湾中生代中国思想研究的代表人物。代表作有《一个被放弃的选择：梁启超调适思想之研究》、《自由的所以然：严复对约翰·密尔自由思想的认识与批判》等。

刘大胜

史学博士，毕业于中国社会科学院研究生院，研究方向为中国近代史，现在供职于北方工业大学，著有《重读摄政王载沣》等。

陈铁健

1962—1965年中国科学院哲学社会科学部近代史研究所攻读中国近代史研究生，结业后留所。研究员，博士生导师。 专业方向为中国近代现代史。出版作品有《瞿秋白传》、《蒋介石与中国文化》（合著）、《陈独秀与瞿秋白》（合著）等。

理查德·C·霍华德（Richard C. Howard）

理查德·C·霍华德是康奈尔大学"华生中国收藏"的负责人。他参与编辑了《中华民国人物辞典》（Biographical Dictionary of Republican China）。

费志杰

伦理学硕士、军事学博士，复旦大学历史学在站博士后。主要研究方向为中国近现代史。著有《秦汉大一统》、《中国近代尚武思潮》等。

高远

1980年出生于江苏，现生活工作于北京。现代传播集团北京摄影部摄影总监，《生活》月刊摄影师。

卡洛琳·汉弗莱（Caroline Humphrey）

英国剑桥大学亚洲人类学教授，曾在西伯利亚、尼泊尔、印度、蒙古、中国（内蒙古）、乌兹别克斯坦和乌克兰进行广泛的调查研究，代表作有《神圣建筑》（Sacred Architecture）、《仪式之原型行为》（The Archetypal Actions of Ritual）等。

大卫·珀皮诺（David Papineau）

伦敦国王学院和纽约城市大学哲学教授。代表作有《探索意识》、《理性的根源：合理性、进化及可能性论文集》、《哲学方法》等。

保罗·利科（Paul Ricoeur）

法国著名哲学家、当代最重要的解释学家之一。曾任法国斯特拉斯堡大学（Strasbourg）教授、巴黎大学（Sorbonne）教授、朗泰尔（Nanterres）大学教授，并为美国芝加哥大学、耶鲁大学、加拿大蒙特利尔大学等大学客座教授。2004 年 11 月，被美国国会图书馆授予克鲁格人文与社会科学终身成就奖。代表作有《历史与真理》、《活生生的隐喻》等。

奥兰多·费吉斯 (Orlando Figes)

英国人，剑桥大学三一学院博士，现为英国伦敦大学伯贝克学院历史学教授。他的一系列解读沙俄及苏联历史的著作——《耳语者》、《娜塔莎之舞》等，取得了非凡的成就，是当今英语世界俄罗斯研究的一流大家。

J.R. 麦克尼尔 (J.R. McNeill)

乔治敦大学环境史教授，杜克大学博士。代表作有与父亲威廉·麦克尼尔（Willam NcNeill）合著的《文明之网：无国界的人类进化史》，以及个人专著《阳光下的新事物：20 世纪世界环境史》、《蚊子帝国：1620–1914 年大加勒比海区域的生态与战争》等。

石川祯浩

1963 年生于日本山形县，1984—1986 年在北京大学历史系留学，2002 年获得京都大学历史学博士学位。现为京都大学人文科学研究所教授兼现代中国研究中心主任。代表作有《中国共产党成立史》、《中国近代历史的表与里》等。